实战电商 职业教育电子商务专业实战型教材

新编21世纪职业教育精品教材 电子商务类

直播运营实务

（含活动探究活页手册）

主　编　赵美玲　李明电

副主编　梁晶晶　魏　萌　徐　匡

　　　　陈　乔

参　编　何妙佳　杨国富　刘秋红

　　　　刘静静　陈　宪　刘　月

主　审　李浩明

中国人民大学出版社

·北京·

图书在版编目（CIP）数据

直播运营实务 ： 含活动探究活页手册 / 赵美玲，李明电主编. -- 北京 ： 中国人民大学出版社，2025. 1.
（新编 21 世纪职业教育精品教材）. -- ISBN 978-7-300-33567-4

Ⅰ. F713.365.2

中国国家版本馆 CIP 数据核字第 2025LZ2138 号

职业教育电子商务专业实战型教材

新编 21 世纪职业教育精品教材·电子商务类

直播运营实务（含活动探究活页手册）

主　编　赵美玲　李明电

副主编　梁晶晶　魏　萌　徐　匡　陈　乔

参　编　何妙佳　杨国富　刘秋红　刘静静　陈　宪　刘　月

主　审　李浩明

Zhibo Yunying Shiwu

出版发行	中国人民大学出版社		
社　　址	北京中关村大街 31 号	**邮政编码**	100080
电　　话	010－62511242（总编室）		010－62511770（质管部）
	010－82501766（邮购部）		010－62514148（门市部）
	010－62515195（发行公司）		010－62515275（盗版举报）
网　　址	http://www.crup.com.cn		
经　　销	新华书店		
印　　刷	中煤（北京）印务有限公司		
开　　本	787 mm×1092 mm　1/16	**版　　次**	2025 年 1 月第 1 版
印　　张	11.75	**印　　次**	2025 年 1 月第 1 次印刷
字　　数	273 000	**定　　价**	39.00 元

前言

职业院校是培养“大国工匠”的摇篮和蓄水池，是职业教育的基石。本书从职业院校学生的学习能力与互联网营销师相关职业工种（直播销售员、选品员、视频创推员、平台管理员等）的技能要求出发，贴合企业岗位真实任务，注重理实一体，让学生在学校的课堂中参与企业真实的工作任务，提升自身技能素养。

本书全面融入党的二十大精神，将知识传播、能力培养与价值引领融为一体，着重加强互联网营销师相关职业工种的素质内涵培养，将“乡村振兴”与“弘扬国货之光”元素融入选品员选品过程之中，培养职业院校学生爱党爱国爱家乡的道德情操；要求直播销售员强化规范导向和价值引领，营造行业健康生态，展现职业院校学生良好的直播精神面貌；指引视频创推员和平台管理员严格遵守直播平台内容创作与信息管理规范，遵纪守法、勇于创新。

本书注重“岗、课、赛、证”融通。在编写过程中，将企业直播岗位真实工作流程与广东省教育厅组织的“互联网营销直播技能”大赛相关竞赛内容以及人社部组织的“互联网营销师”资格证书考试内容相结合，以如何组织一场全流程的直播营销活动作为任务主线，通过多项目驱动的方式引导学生融入不同的直播岗位之中，从“直播前活动策划”“直播过程实施”“直播后工作安排”三个阶段入手，同时结合“营销策划案设计与制作”，设计对应的技能实训活动，最终通过团队协作形式组织实施完整的直播活动。所有项目内容均注重理实一体，各项活动任务层层紧扣，学生通过参与多个活动任务，不断提升直播营销技能，为在校内开展直播电商创新创业实训和互联网直播营销技能竞赛的训练打好基础，同时，也为顶岗实习和就业做好准备。

本书是典型的校企合作成果，编者为珠三角以及长三角知名中高职院校电子商务专业学科带头人、教学一线教师以及直播行业专家，有着非常丰富的教学和实战经验。主编是赵美玲老师和李明电老师，负责统筹编写，副主编是梁晶晶、魏萌、徐匡、陈乔老师，协助完成审稿和配套教学资源的整合。项目一由赵美玲、李明电、何妙佳负责，项目二由魏萌、杨国富、陈宪负责，项目三由梁晶晶、刘秋红、刘静静负责，项目四由徐匡、刘月负责。全书由李浩明老师审阅、定稿。另外，本书的编写还得到了广东省职业院校学生专业技能大赛“互联网营销直播技能”首届赛项专家组成员、广州宜企邦科技有限公司总经理陈乔先生的热心指导，并有针对性地把赛项核心考核知识点融入各项目任务活动之中，这使本书可作为“互联网营销直播技能”赛项的技能训练手册以及开展直播电商相关专业教学的教材，在此表示衷心的感谢。

由于本书编写时间仓促，缺点和错误在所难免，恳请广大读者批评指正，再版时将及时更正，谢谢！

目 录

项目一

直播前活动策划

学习目标

知识目标

- 了解直播电商的发展历史；
- 了解直播电商相关岗位的技能要求；
- 掌握直播环境的搭建以及直播数据分析平台的使用；
- 熟悉直播前相关准备活动，为开播进行准备。

技能目标

- 利用数据分析平台完成直播与短视频热点数据的查询与分析；
- 熟练搭建直播软、硬环境，满足开播需要；
- 熟练完成直播选品、价格设置与直播流程脚本设计。

素养目标

- 树立直播营销的工作意识；
- 培养严谨求实的工作态度；
- 培养发现问题、分析问题、解决问题的能力。

思维导图

- 项目一 直播前活动策划
  - 知识储备
    - 一、直播电商的发展历史
    - 二、直播电商相关岗位的技能要求
    - 三、认识相关直播平台与工具
  - 任务一 直播数据分析平台使用
    - 活动一 注册数据分析平台账号
    - 活动二 查询直播与短视频数据
    - 活动三 收集与分析数据
    - 活动四 定位人设与提升技能
  - 任务二 直播软环境搭建
    - 活动一 注册直播平台账号
    - 活动二 认识直播平台常见功能
    - 活动三 审核认证主播
  - 任务三 直播硬环境搭建
    - 活动一 装饰设计直播间
    - 活动二 认识直播间硬件设备
    - 活动三 搭建直播间光源环境
  - 任务四 直播产品组合设计
    - 活动一 选择直播产品
    - 活动二 挖掘直播产品卖点
    - 活动三 设定直播产品价格
  - 任务五 直播脚本设计
    - 活动一 设计单品直播脚本
    - 活动二 设计整场直播脚本

情境导入

近几年，直播电商行业迅速崛起，成为众多企业销售产品的重要渠道。

为进一步控制运营成本并挖掘优秀的直播人才，许多企业开始积极寻求与院校建立紧密的合作关系。通过这种校企合作模式，院校得以承担直播人才的培养任务，确保教育内容与市场需求紧密相连；而企业则能够引入具有价格和质量优势的直播商品，并专注于处理发货和售后服务等关键环节。此外，这种合作模式也为优秀直播电商人才提供了广阔的发展机会。学生在校期间通过校企合作参与直播带货实践，不仅能够全面提升自身的直播营销综合技能，还有可能在毕业后直接签约合作企业，实现与直播电商企业的无缝对接。这不仅为学生提供了宝贵的实践经验，也为企业输送了符合市场需求的高素质人才。

目前有3家不同领域的企业（见图1-1）主动联系我们学校，希望我们能够帮助企业开展直播带货活动，以拓展销售渠道，提高品牌知名度。表1-1是3家企业的相关介绍。

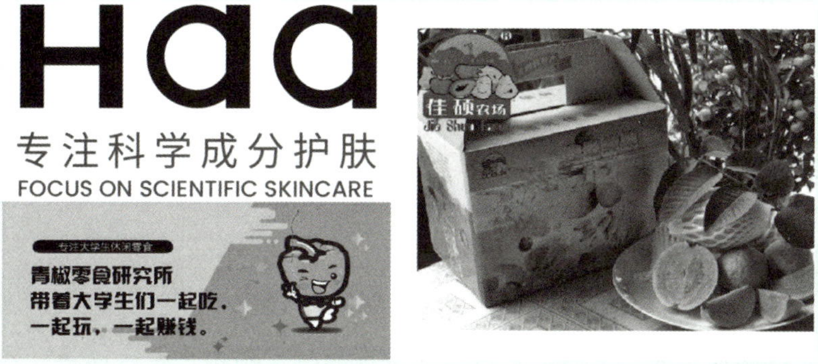

图1-1

表1-1

商家	简介
A企业	主打“国潮元素”的美妆护肤国产网红品牌，经过3年的发展，产品已经涵盖了护肤、彩妆、香水等多个细分领域，主要面向教育程度和收入水平较高、年龄为25～35岁的职场女性。
B企业	以学生市场为载体的休闲零食代理服务商，致力于将性价比超高的校园休闲零食带到广大年轻人的身边，主要的客户群体为学生群和年轻族。
C企业	农场位于美丽的广州新城后花园——海鸥岛，占地面积600多亩。农场成立于2007年，主要种植独特的胭脂红番石榴、凤梨释迦、无花果、翡翠番石榴、火龙果、番木瓜、杨桃等20多个优质品种，农场的发展目标是让每家每户都吃上“安全、健康、生态、美味”的水果。

通过以上情境导入，请思考并分小组讨论，完成表1-2。

表1-2

问题	讨论结果
1. 在这3家企业中，我们更倾向于选择哪一家作为直播带货的合作伙伴？	
2. 针对“乡村振兴”和“弘扬国货”，我们应该如何有效借助直播带货活动来贡献一份力量？	
3. 如何更精准地匹配企业的品牌与产品定位，从而设计出符合其品牌形象的主播人设？	

续表

问题	讨论结果
4. 在直播带货的实践中，我们应该如何正式迈出第一步，确保活动的顺利启动和后续发展？	

知识储备

一、直播电商的发展历史

随着科技的快速发展，人们足不出户即可进行线上购物与在线学习、会议等。然而人们的线上购物需求已经不再满足于图片和文字的展示，而是希望线上购物能够以更直观与更具互动性的方式展示，加强其购物体验。于是，平台与商家便开始了直播电商的探索。下面我们来了解一下直播电商的发展历史（见图 1－2）。

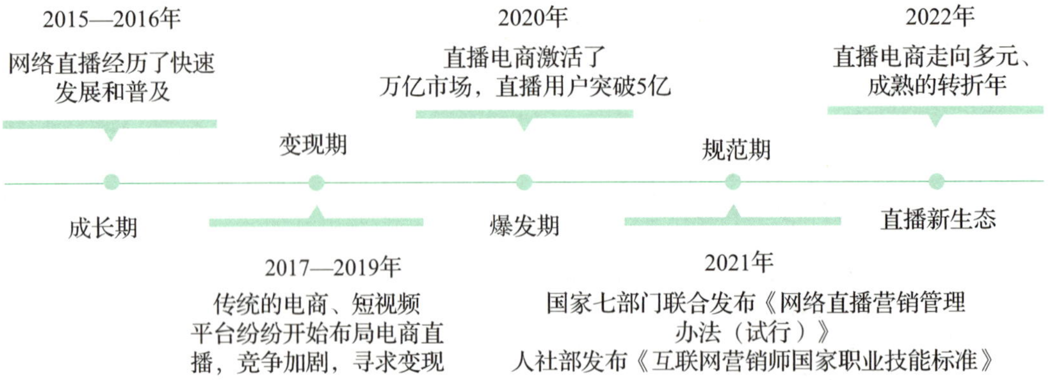

图 1－2

下面就电商直播发展的成长期、变现期和爆发期进行说明（见表 1－3）。

表 1－3

成长期（2015—2016 年）	变现期（2017—2019 年）	爆发期（2020 年）
此时 4G 网络正处于高速发展的状态，直播行业以娱乐为主。由于当时泛娱乐盛行，吸引了大批用户，为以后的发展积累了广泛的粉丝基础。然而，由于发展初期监管不严、行业不规范，直播平台违法违规的现象很多，乱象横生。2016 年被称为直播元年。	经历过乱象横生的现象后，政府对直播平台开始做出相关的规范以此约束违法违规行为，在监管趋严的状态下，很多不合规的直播平台和企业相继倒闭，资本进入脚步放缓，企业融资遭遇困境。至此，直播平台开始谋求变现。当时打赏和广告是主要的变现模式。	受到新冠疫情的影响，电商直播带货备受人们的青睐。在 2020 年，直播电商激活了万亿市场，直播用户突破 5 亿。然而在快速成长的过程中，电商直播行业的流量造假、产品质量等问题也开始逐渐暴露出来，电商直播行业的监管趋严并得到进一步规范。

二、直播电商相关岗位的技能要求

蓬勃发展的新业态带来旺盛的人才需求，催生出新的职业岗位。2020 年 7 月，人社部发布的“九大互联网新职业”中，设置了“互联网营销师”新职业，并下设了“选品员”“直播销售员”“视频创推员”“平台管理员”四大职业工种。

1. 选品员，是负责筛选和推荐优质商品的专业人员。他们需要对市场趋势有敏锐的洞察力，能够分析消费者需求，从众多商品中挑选出符合公司定位和市场需求的优质产品，为公司创造更多价值。

2. 直播销售员，是连接产品与消费者的桥梁。他们通过直播平台展示商品，运用销售技巧吸引观众购买。直播销售员需要具备良好的沟通能力和表演天赋，能够快速抓住观众的兴趣点，促进销售。

3. 视频创推员，是负责视频内容创作和推广的专业人员。他们负责策划、拍摄、剪辑和发布视频内容，通过创意和技巧吸引观众，提升品牌的知名度和影响力。视频创推员需要具备创意思维和技术能力，能够制作出高质量的视频作品。

4. 平台管理员，负责管理和维护线上平台，确保平台的稳定运行和用户体验。他们的工作涉及内容审核、用户管理、数据分析等多个方面，旨在营造一个安全、健康、有活力的网络环境。

高速发展的短视频＋直播电商新业态，带来了巨大的人才需求，不仅产生了数量上的巨大缺口，也暴露出目前的从业人员在职业能力、素养等方面的不足。根据巨量引擎发布的数据分析报告，短视频和直播电商领域从业人员规模（2021—2023 年）均值分别为 676 万人、873 万人、1 067 万人，短视频和直播电商领域从业人员缺口（2021—2023 年）分别为 181 万人、378 万人、574 万人，如图 1 - 3 所示。

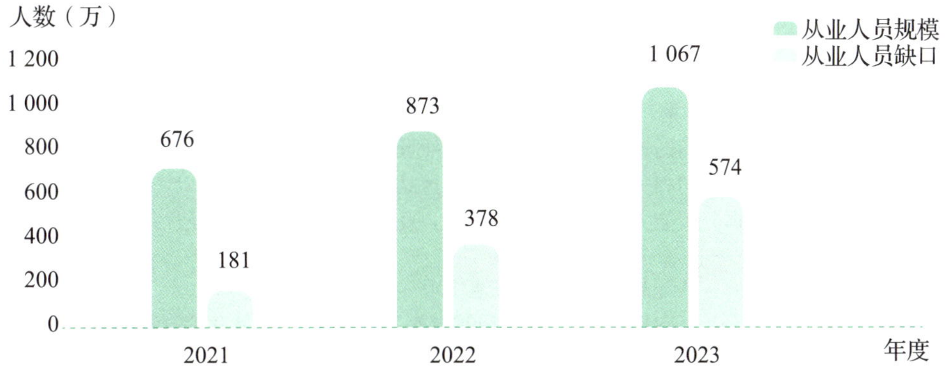

图 1 - 3

目前，直播相关的招聘岗位中，比较热门的岗位包括主播、助播和运营人员等。下面对主播与运营人员的岗位职责、技能要求等进行说明。

主播：主播是直播电商的核心岗位，是直播间的门面担当。主播的岗位职责、技能要求、素质要求具体见表 1 - 4。

表 1-4

岗位职责	● 负责完成整场直播主持，是直播间的主要角色； ● 熟练掌握直播相关话术，能在直播不同环节中进行话术的调整； ● 具备销售心理学基础知识，能及时预判销售机会，完成转粉和销售转化； ● 熟悉直播整个流程策划，能与辅播及运营进行良好配合，了解直播不同环节的侧重点，能控制直播间节奏； ● 参与运营团队选品策划，了解用户喜好，善于从用户角度观察直播电商选品逻辑，熟悉选品匹配度； ● 能保持稳定的开播时间，保证一定的开播量，一般每月直播 20 天以上，每天至少 2～4 小时。
技能要求	● 基础能力：口头表达能力流利，熟练掌握产品相关知识，能熟练进行产品介绍，对产品卖点敏感，有熟练的销售技巧； ● 状态要求：敢于在镜头面前表达和表演，并能接受长期稳定的开播时长； ● 心态要求：敢于面对直播过程中用户的争议或坦然面对用户的尖锐提问，具备一定的控场和应变能力； ● 其他要求：有颜值或有其他表演才艺等加分项（歌曲、舞蹈或其他专业才艺），具备良好的个人素养，能在直播过程中保持饱满的精神状态，具备一定的心理承受能力，能控制负面情绪。
素质要求	● 具备较高的思想素质和良好的道德素养、人文素养、科学素养及职业素养； ● 具备较高的网络文明素养、电子商务诚信与信用素养、信息安全与保密素养； ● 具备良好的人际沟通素质和团队合作素质； ● 具备基本的创新精神及创业意识。

运营：运营是直播电商中的综合岗位，主要负责直播电商的整体规划和统筹，运营的岗位职责、技能要求、素质要求具体见表 1-5。

表 1-5

岗位职责	● 负责直播电商的整体统筹和执行，能匹配主播人设定位；掌握各个不同直播平台的特点及优劣势，能根据直播内容及产品选择合适的平台； ● 熟悉直播电商的策划操作，能策划直播操作流程及规范； ● 熟悉供应链的相关专业知识，能确定选品操作规范； ● 具备数据分析能力，能分析平台数据，及时调整直播的策划及优化选品。
技能要求	● 基础能力：良好的观察能力，注重细节，执行能力强； ● 状态要求：有内部资源沟通和协调能力，能判断对直播最有价值的资源； ● 技能要求：熟悉平台规则，具备内容策划能力，能根据产品策划直播活动； ● 其他要求：熟悉产品供应链，能根据选品及时调整定价及内容策划。
素质要求	● 具有多个电商岗位实践经验，具备较强的管理能力； ● 具备良好的职业素养和抗压能力，能适应直播电商高强度工作节奏； ● 具备良好的个人素养，善于总结问题并自我调整； ● 具备良好的自我学习能力，具有创新素质。

三、认识相关直播平台与工具

2022 年重点监测电商平台累计直播场次超 1.2 亿场，累计观看超 1.1 万亿人次，直播商品超 9 500 万个，活跃主播近 110 万人，受益于电商基础设施和用户渗透率的提升，抖音、快手、淘宝直播定位各有不同，分别定位“兴趣电商”“信任电商”“发现式电商”，抖音电商异军突起，增速高于同业。而除了“抖、快、淘”处于当之无愧的直播平台第一梯队之外，目前市场上还存在不少各具特色的直播平台（见图 1-4）。学生们可以根据自身需求对相关的直播平台展开了解与学习。

	直播平台	月活(MAU)	平台调性
第一梯队	淘宝	69918万	商家、主播带货直播
	抖音	46918万	网红主播娱乐、带货
	快手	26853万	网红主播娱乐、带货
第二梯队	微博	28860万	微博KOL、网红主播娱乐
	拼多多	25216万	商家店铺直播带货
	西瓜视频	14045万	达人直播带货
	京东	8781万	商家店铺，联合明星KOL带货
	小红书	5354万	分领域KOL、明星直播带货
	哔哩哔哩	4491万	UP主带货
第三梯队	虎牙直播	3316万	游戏直播互动为主
	花椒直播	2929万	重生活内容直播分享
	斗鱼直播	2666万	全民游戏直播平台
	YY	2372万	游戏直播互动为主
	苏宁易购	945万	商家店铺直播带货
	蘑菇街	243万	女性电商、买手直播带货

图 1-4

目前短视频与直播带货入局者众多，竞争激烈。为了更好地应对市场竞争，除了需要熟悉直播平台的操作之外，往往还需要借助第三方数据分析工具进行商业分析，及时了解直播与短视频行业发展动向以及作出策略调整。

下面对时下比较流行的数据分析平台“抖查查”“飞瓜”“卡思”“蝉妈妈”4 个产品的免费功能进行对比分析（见图 1-5）。

各平台免费功能对比

	常用板块	抖查查	飞瓜	卡思	蝉妈妈
短视频分析	实时热门视频	✓	✓	✓	✓
	热门视频	✓	✓	✓	✓
	热门音乐	✓	✓	✓	✓
	热门话题	✓	✓	✓	✗
	视频飙升榜	✓	✗	✗	✗
达人分析	粉丝榜	✓	✓	✓	✓
	涨粉榜	✓	✓	✓	✗
	掉粉榜	✓	✗	✗	✗
	成长榜	✗	✓	✗	✗
	蓝V榜	✓	✓	✓	✓
	MCN机构	✓	✓	✗	✗
	星图热榜	✗	✓	✗	✗
	达人对比	✓	✗	✗	✗
	粉丝分析	✓	✓	✗	✓
电商分析	带货视频榜	✓	✓	✓	✓
	热门商品榜	✓	✓	✓	✓
	达人销量榜	✓	✓	✓	✓
	热门店铺榜	✓	✓	✗	✗
	电商直播监测	✓	✗	✗	✗
	淘客排行榜	✓	✓	✗	✗
	爆款直播间监测	✓	✗	✗	✗

图 1-5

任务一 直播数据分析平台使用

任务说明书

任务名称	直播数据分析平台使用	
任务情境	欢迎大家正式启动“直播运营实务”课程的学习。因为我们学校与企业有着良好的合作联系，目前已经有 3 家企业主动向我们提出了直播带货的合作意向。它们分别为新锐美妆护肤国产网红品牌（A 企业）、以年轻人为主要消费目标的休闲零食代理服务商（B 企业）以及主打食品安全健康的生态农场（C 企业）。我们首先需要做的是，掌握直播电商数据分析工具的使用，根据数据分析结果，找到适合的主播学习对象，并制订相应的学习计划，迈出直播带货的第一步。	
任务目标	● 完成数据分析平台的账号注册； ● 结合不同的查询条件完成直播数据收集与分析； ● 找到合适的主播学习对象，并制订学习计划。	
任务分析	问题	分析
	在这 3 家企业中，我们更倾向于选择哪一家作为直播带货的合作伙伴？	
	我们应该如何确定达人学习对象？如何开展“对标参考学习”？	
	如何设定合适的主播人设？	
	如何设计一个有特色的直播口头禅？	

活动一 注册数据分析平台账号

知识要点

蝉妈妈是一款专注于直播电商的数据分析工具和服务平台，旨在为电商从业者、MCN 机构、品牌主等提供全面、准确、及时的直播电商数据支持。蝉妈妈通过对抖音、快手等主流直播平台的深入挖掘和分析，为商家提供包括直播监测、电商分析、播主查找、素材挖掘等在内的多种服务，帮助商家优化选品、营销策略以及主播合作。

蝉妈妈拥有海量的直播电商数据资源，包括直播间实时数据、商品销量、用户画像等，商家可以通过蝉妈妈快速了解市场趋势和用户需求，做出更加明智的决策。此外，蝉妈妈还提供专业的数据分析服务，帮助商家深入挖掘数据背后的价值，为营销策略的制定提供有力支持。

目前市场上出现了很多不同的直播电商数据分析平台，为直播运营从业人员提供相应的数据分析支持。通过数据分析，我们可以更好地了解直播电商与短视频的当下热点，及时调整运营策略，制作出更有吸引力的直播与短视频内容。

下面，我们将以“蝉妈妈”数据分析平台为例，完成账号注册。这与其他数据分析平台的操作过程基本一致。此活动主要训练的职业工种为“平台管理员”。

1. 打开 PC 端浏览器，在地址栏中输入蝉妈妈官方首页网址（百度输入“蝉妈妈”关键字可查），进入蝉妈妈数据分析平台首页（见图 1－6）。

图 1－6

2. 在首页顶部的导航栏中，我们可以使用“抖音数据”“小红书数据”“解决方案”“蝉学院”等具体模块功能。以“抖音数据”模块为例（见图 1－7），移动鼠标到此标题后，即可以看到在此模块下能操作的一些具体功能项（见图 1－8），例如“直播”“商品”“小店 & 品牌”等。

3. 为了更好地使用这些模块功能，建议大家先完成数据分析平台的账号注册，具体操作流程：点击网站首页右上角的“注册 | 登录”按钮—采用“短信登录/注册”方式完成账号注册（见图 1－9、图 1－10）。

图 1－7

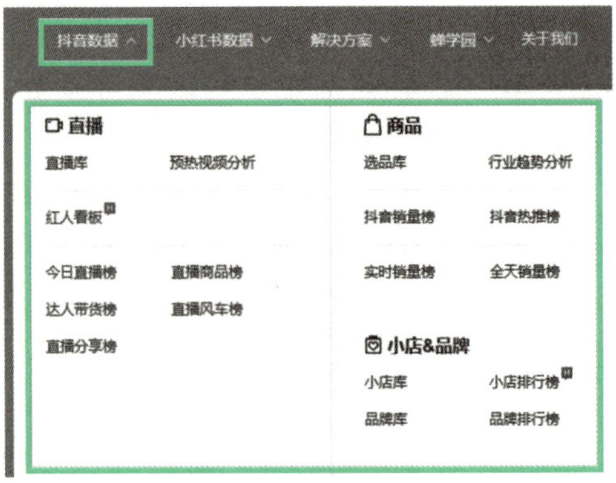

图 1－8

图 1－9

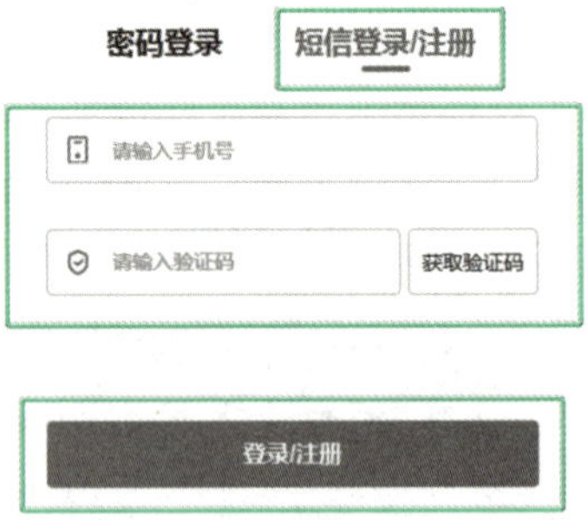

图 1－10

活动二　查询直播与短视频数据

知识要点

1. 查询：是指用户通过设置某些查询条件，从数据表或其他查询中选取符合查询条件的数据给用户展示出来。

2. 数据：是对客观事物的逻辑归纳，是用于表示客观事物的未经加工的原始素材。数据可以是连续的值，如声音、图像，也可以是离散的，如符号、文字。

账号注册完成后，我们可以通过数据分析平台完成不同的数据查询需求。例如，我们可以查询某个带货分类中的“达人带货榜”，学习这些直播达人是如何进行直播带货的。也可以查询某个分类下面的“直播商品榜”，了解现时直播间中销售最火的商品是什么，为直播运营提供数据参考。

下面，我们以查询某个带货分类中的“达人带货榜”为例，学习如何开展数据查询。此活动主要训练的职业工种为“平台管理员”，其他工种如“直播销售员”“选品员”“视频创推员”可以根据查询获取的数据信息作为技能训练参考。

1. 鼠标移动到“抖音数据”标题上，即可展开“抖音数据”模块的具体功能列表（见图 1－11）。

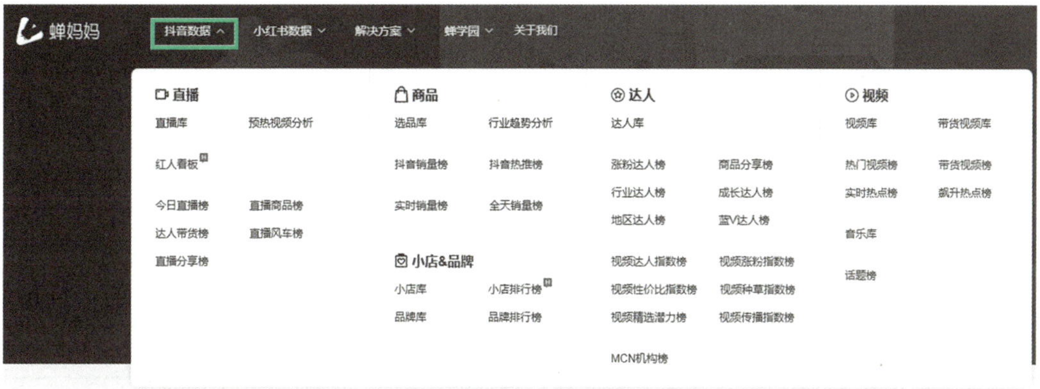

图 1－11

2. 点击“抖音数据”下面“直播”子模块中的“达人带货榜”功能，即可展示现时热门的达人排名情况，包括其“直播销售额”“直播销量”“销售客单价”“粉丝数”“带货类目”等信息（见图 1－12）。

图 1－12

3. 默认情况下，排名结果显示的是综合排名（即不区分具体带货分类）。我们也可以根据自己的需要查询不同的带货分类达人排名，比如你想与 C 企业建立直播带货合作，可以尝试选择“带货分类”中的“生鲜蔬果”类目，了解此分类下热门的达人排名（见图 1－13）。

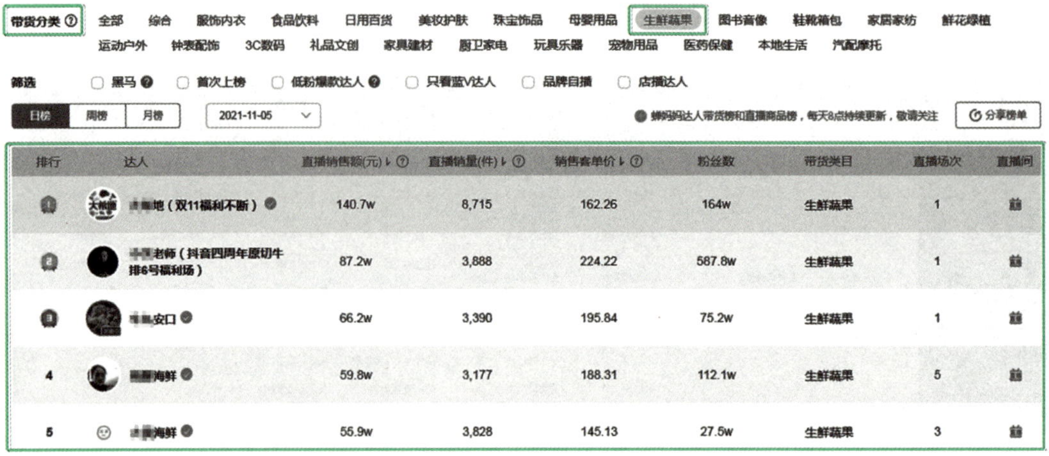

图 1－13

活动三　收集与分析数据

知识要点

1. 收集数据：借助数据分析工具，利用一定的收集方法，将想要利用的数据信息收集起来，用于后面的数据分析、数据挖掘。

2. 抖音官方 API：即抖音平台的应用程序编程接口，是由抖音开放平台提供的一套定义了软件组件之间如何交互的规范。这套 API 为开发者提供了丰富的能力和解决方案，涵盖了小程序、移动应用、网站应用、直播小玩法、小游戏等多业务载体。

抖音数据常见的获取方式有如下几种：

1. 使用抖音官方 API：抖音提供了开发者 API，可以通过调用 API 来获取抖音用户数据。具体调用方式可以在抖音开发者中心查看。

2. 使用第三方工具：有许多第三方工具可以用来获取抖音数据，比如灰豚数据、抖查查、蝉妈妈等，这些工具都可以用来查看抖音账号的各种数据，包括粉丝、点赞、评论、转发等。

3. 抓取数据：通过抓包工具等，获取和分析抖音数据。这需要一些技术能力，但是可以得到更详细和准确的数据。

4. 购买数据：某些平台提供售卖抖音数据的服务，对于某些特定用户，可以考虑直接购买数据。但是这并不是一个推荐的做法，因为数据可能存在不真实或者不完整的情况。

以上所有的方法都需要遵守抖音的使用协议和开发者条款，不得侵犯他人的隐私和权利。同时，获取数据的目的是更好地了解用户和市场，而不是用于不法或破坏性行为。

了解如何查询“达人带货榜”后，我们来完成一个任务：目前已经有 3 家企业主动向我们提出了直播带货的合作意向。此活动主要训练的职业工种为“平台管理员”“直播销售员”“选品员”“视频创推员”，可以将查询获取的数据信息作为技能训练参考。

活动探究

在这个活动中，我们需要为3家企业分别对标一个“带货分类”，同时找出此“带货分类”中排名前五的带货达人，对其完成一系列的信息收集，并把分析结果填写到《活动探究活页手册》表1中。

活动四 定位人设与提升技能

知识要点

人设是指对人物的设定，向用户展示一个人为设定的独特的形象，从而吸引粉丝，实现裂变式传播，旨在吸引目标受众、建立品牌形象、增强观众黏性，并促进裂变式传播和销售增长。通过精心策划的人设，可以迅速锁定目标群体，传递品牌价值观，拉近与观众的距离，激发分享欲望，构建社群文化，并灵活应对市场变化。人设是直播营销成功的关键要素之一。

定位人设的一个基本方法和步骤如下：

1. 定义基本属性：首先，需要确定人物的基本属性，如年龄、性别、职业等。这些属性有助于更好地了解人物的背景和能力，从而为后续的设定提供基础。

2. 明确人物目标：了解人物的生命目标或主要动机是什么，可以是追求职业成功、寻找真爱、解决某个科学难题等。目标将有助于你为人物构建有趣且可信的故事线。

3. 制定背景故事：为人物创建一个生动的背景故事，可以包括他们的成长经历、家庭和朋友、教育背景等。背景故事有助于更好地了解人物的个性、价值观和信念，从而为他们的行为和决策提供依据。

4. 定义技能和能力：确定人物具备的技能和能力，可以是专业技能、人际交往能力或独特的天赋等。这有助于塑造人物的个性特征，并为故事增加趣味性。

5. 描述性格特点：为人物定义性格特点，如乐观、勤奋、聪明等，这些特点有助于了解人物的处事风格和态度，从而更好地塑造其形象。

6. 寻找灵感：在创建人物设定时，可以寻找现实生活中的灵感。观察周围的人、阅读小说或研究电影和电视剧中的人物角色，这些都可以为你提供创意和启发。

7. 反馈和调整：在完成初步的人物设定后，请让他人阅读并给出反馈，然后根据反馈进行调整和优化，使人物更加鲜明和有趣。

活动探究

经过活动三的活动探究，我们已经对不同带货分类下面的直播达人有了一定程度的了解。下面，我们需要完成此任务下的最后一个活动，并将探究结果填入《活动探究活页手册》表 2 中。此活动主要训练的职业工种为“直播销售员”。

1. 选择你希望合作的企业（三家企业选其一），在企业名称上面打钩即可；

2. 根据选择的企业明确对应的带货分类，以及明确此分类下你最希望对标学习的主播达人；

3. 分析我们希望学习的主播达人的人设定位，观看他（她）的一场完整直播，记录下来整场直播的完整流程以及过程中精彩的直播剧本（简要描述即可）。

任务二　直播软环境搭建

任务说明书

<table>
<tr><th>任务名称</th><th colspan="2">直播软环境搭建</th></tr>
<tr><td>任务情境</td><td colspan="2">经过初步的学习与探索，我们已对直播数据分析平台的功能和操作有了基本的认识，并确定了值得学习的目标主播达人。
然而，我们尚未正式进入直播环境的搭建阶段。直播环境的构建不仅涵盖软件环境，如直播客户端和 PC 管理端等工具的配置与优化，还包括硬件环境的完善，如直播间的装饰布局、灯光照明以及专业直播设备的选购与调试。为确保直播的顺利进行，展现主播的专业与活力，我们需预先完成这些基础而重要的工作。</td></tr>
<tr><td>任务目标</td><td colspan="2">● 完成直播平台账号注册；
● 直播平台的常见功能操作；
● 完成主播的审核认证。
此任务相关过程操作皆以“广东省职业院校学生专业技能大赛互联网营销直播技能赛项竞赛平台（微盟直播平台）”演示为例。</td></tr>
<tr><td rowspan="5">任务分析</td><td>问题</td><td>分析</td></tr>
<tr><td>你最关注的直播平台是哪个？具体原因是什么？</td><td></td></tr>
<tr><td>在直播平台中，我们应该重点学习哪些功能操作？</td><td></td></tr>
<tr><td>主播认证应该具备哪些相应的条件要求？</td><td></td></tr>
<tr><td>直播过程中，应该遵循哪些主播行为规范？</td><td></td></tr>
</table>

活动一 注册直播平台账号

知识要点

直播平台是指通过互联网提供实时音视频直播服务的平台。它允许主播（或称为播主、表演者）通过摄像头、麦克风等设备捕捉实时音视频内容，并将其传输到互联网上，供观众实时观看、互动和交流。常见的直播平台包括有以下几种。

1. 抖音：拥有超过8亿用户，是一个非常热门的直播平台。

2. 快手：拥有庞大的粉丝基础，门槛较低，也受到许多主播的欢迎。

3. Bilibili（哔哩哔哩）：是一个以ACG（动画、漫画、游戏）内容为主的视频分享和直播平台，拥有大量的直播内容，包括游戏、动漫、音乐等。

4. 花椒：特色是有明星入驻，也有个“造星计划”，就是把普通人变成明星。

5. 淘宝直播：是阿里巴巴集团旗下的直播平台，以电商直播为主，商家可以通过直播形式展示商品、与消费者互动，提高销售效果。

6. 斗鱼和虎牙：这两个平台都是专注于游戏直播的平台，拥有大量的游戏主播和观众。除了游戏直播外，斗鱼也涵盖了娱乐、户外、科技等多个领域的直播内容。

7. 微盟直播平台：微盟集团推出的一款专注于直播带货的服务工具，它形成了“微盟直播App＋微盟直播小程序”的直播工具组合。

以上只是众多直播平台的一部分，还有许多其他的直播平台在运营中。这些平台各有特色，各有其关注的领域和用户群体。

根据直播平台属性和主营业务特点，目前国内直播市场基本可以分为四类垂直细分方向。分别是：游戏直播（斗鱼、虎牙等）、泛娱乐直播（YY直播、映客直播等）、企业直播（目睹直播、微盟等）、电商直播（淘宝直播、京东直播、蘑菇街等）。

直播本质上作为一种营销工具，能与多种不同业态相融合。当下，泛娱乐直播和电商直播市场大热。其中泛娱乐直播以才艺为主，娱乐属性更强。而电商直播则以卖货、教学为主，实用属性更强。

结合现时的企业实际需求，三家合作企业皆希望我们能够帮助他们搭建起企业直播方向的平台环境，将来可以利用此直播平台帮助企业持续地开展直播带货。下面，我们以某款具有代表性的企业直播平台为例（微盟直播平台），演示如何完成直播平台的账号注册任务。此活动主要训练的职业工种为“平台管理员”。

第1步，打开PC端浏览器，在地址栏中输入微盟直播平台官方首页网址（百度输入“微盟”关键字可查），进入微盟直播平台首页（见图1－14）。

第2步，点击右上角的“免费试用”按钮，即可在输入框中完成注册信息的录入，包括手机号码、短信验证码、密码与地区（见图1－15）。注册通过后，即可进入微盟后台管理界面（见图1－16）。

图 1－14

图 1－15

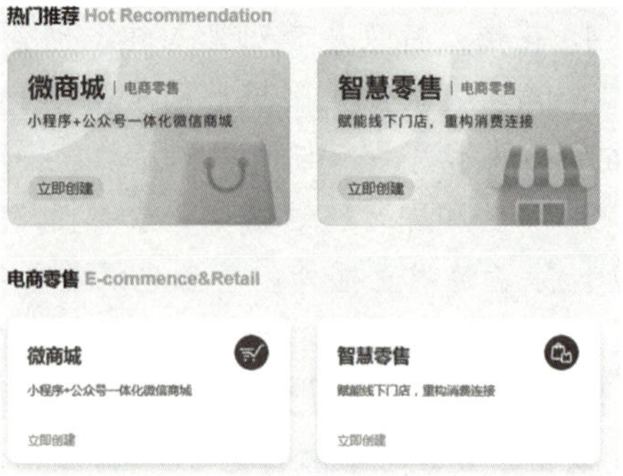

图 1－16

活动二　认识直播平台常见功能

知识要点

直播平台功能是指直播平台提供的服务功能。常见的直播平台功能有直播设置、直播、聊天、打赏、礼物、统计、超管功能等。

常见的直播平台功能主要有以下几种：

1. 直播功能：这是直播平台最基本的功能。平台支持各种形式的直播，如实时直播、点播直播、互动直播等。

2. 聊天功能：直播平台提供聊天室、私聊、点亮、推送、黑名单等聊天功能，方便观众与主播互动。

3. 礼物功能：平台提供多种礼物类型，如普通礼物、豪华礼物、红包、排行榜、第三方充值、内购、礼物动态更新、提现等，观众可以通过送礼物表达对主播的喜爱和支持。

4. 直播列表功能：平台提供关注、热门、最新、分类直播用户列表等功能，方便观众浏览和寻找自己感兴趣的直播内容。

5. 直播设置功能：平台提供录制、推流、解码、播放、美颜、后台切换、主播对管理员操作等功能，方便主播进行直播和管理。

6. 房间逻辑功能：平台提供创建房间、进入房间、退出房间、关闭房间、切换房间、房间管理员设置、房间用户列表等功能，方便观众进行直播参与和管理。

7. 用户逻辑功能：平台提供普通登录、第三方登录、注册、搜索、修改个人信息、关注列表、粉丝列表、修改密码、查看个人信息、收入榜、关注和取关、检索等功能，方便观众进行个人账户管理和使用。

8. 观看直播功能：平台提供聊天信息、滚屏弹幕、礼物显示、加载界面等功能，方便观众进行直播观看和互动。

9. 统计功能：平台提供 App 业务统计、第三方统计等功能，帮助主播和平台方了解直播数据和业务情况。

10. 超管功能：平台提供禁播、隐藏、审核等功能，保障直播内容的健康和安全。

此外，一些平台还提供抽奖、打赏、连麦等功能，以提高直播间的互动率，刺激观众参与。同时，一些平台还支持多人同时上麦，进行多人连麦互动，增强直播间的互动性和参与感。

账号注册完成后，就可以通过功能导航完成一系列的平台管理操作。一般情况下，首先要通过“智慧零售”功能完成店铺的创建（见图 1－17）。店铺创建完毕后，即可以进入“智慧零售”管理后台（见图 1－18）。

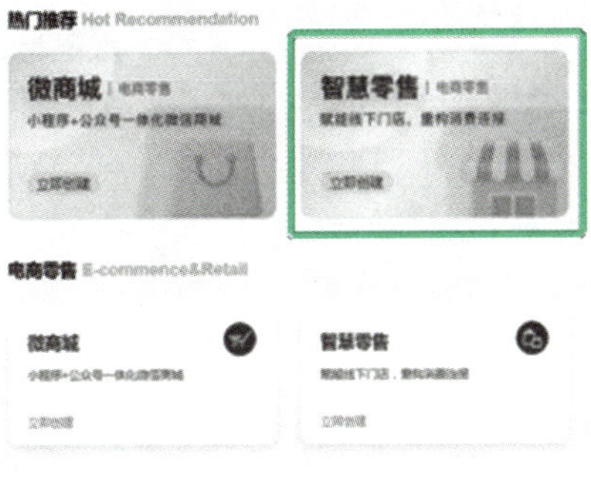

图 1－17

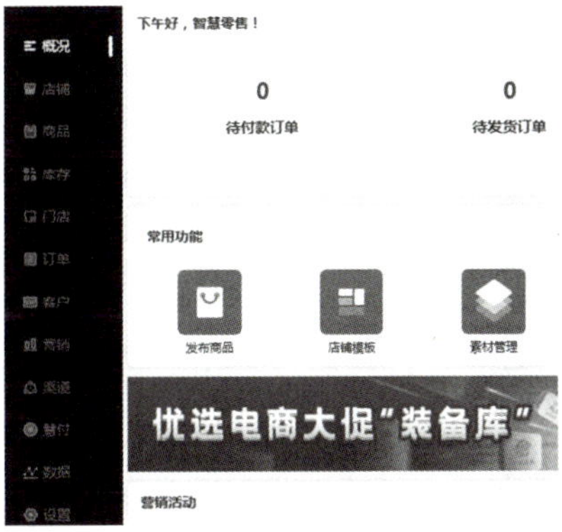

图 1－18

活动三　审核认证主播

知识要点

主播认证是指对主播的身份进行核实，从而取得认可和证明的过程。

在开播前，需要完成一步很重要的工作——主播的身份认证。在认证过程中需要提交主播身份信息，只有通过平台审核后，才可以正常直播。同时，在直播的过程中，主播必须遵守相关的直播行为管理规范，做到文明直播、文明吸粉。下面，请跟随我们的指引完成主播的身份认证过程吧。此活动主要训练的职业工种为“平台管理员”与“直播销售员”。

1. 点击左侧功能导航栏中的“营销”功能按钮，在“营销”功能区中点击“直播”功能（见图 1－19）。在“直播间列表”中找到“更多”按钮并把鼠标移动到此按钮上面，即可看到“主播管理”功能（见图 1－20）。点击“主播管理”功能即可进入“主播管理”界面（见图 1－21）。

图 1－19

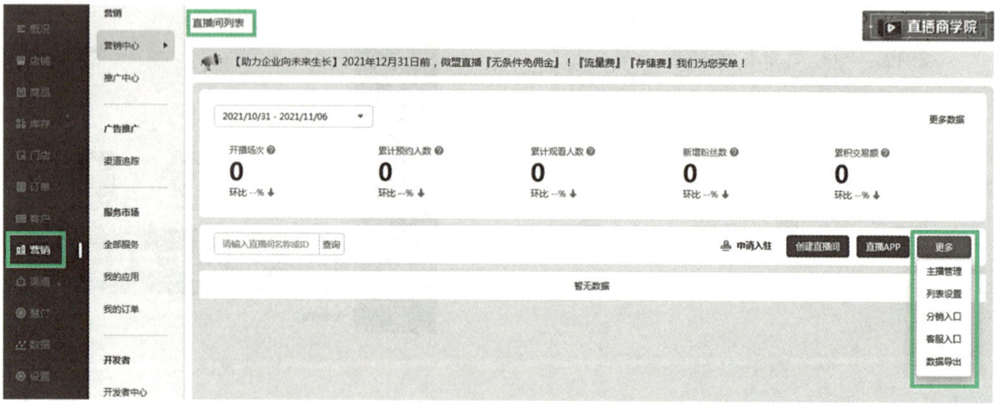

图 1－20

2. 在“主播管理”界面中点击“登记新主播”按钮，即可打开新主播认证界面。根据认证要求，如实填写证件类型、认证方式、身份证信息、手机号、验证码等相关信息，并按提示完成人脸识别即可提交主播认证审核申请（见图 1－22）。

3. 审核申请提交完毕后，直播平台方将会进行主播的身份审核工作。通常在五分钟内即可完成审核流程。

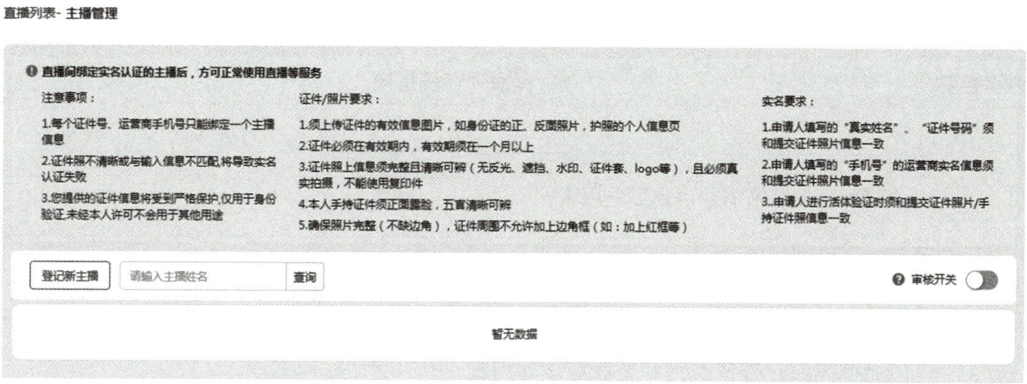

图 1－21

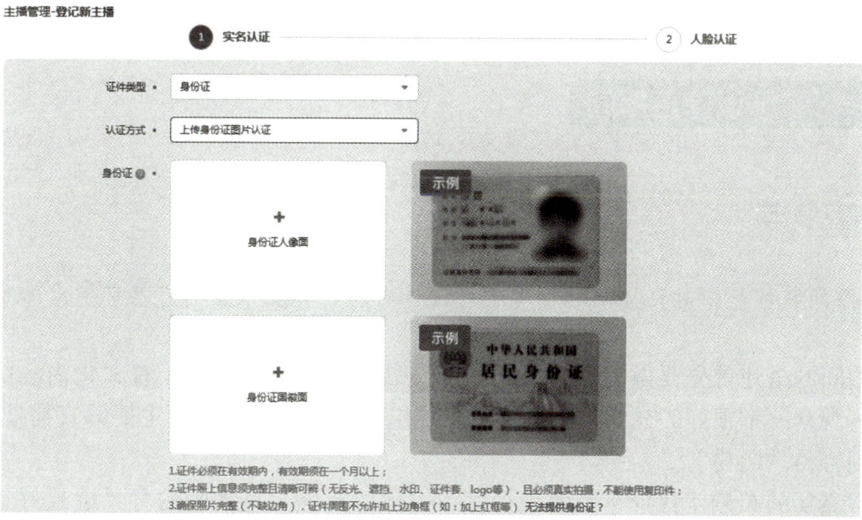

图 1－22

任务三　直播硬环境搭建

任务说明书

任务名称	直播硬环境搭建
任务情境	经过任务二的学习，我们已经掌握了如何在直播平台上面进行网络直播间设置的相关操作，具备了开播的基本条件。 然而，我们所掌握的只是直播软环境的操作，为了营造一个良好的直播环境，我们还需要对直播间进行适当的环境装饰，并配置足够的光源条件，增强主播在镜头前呈现的更佳效果。
任务目标	● 完成直播间环境装饰； ● 学会直播间硬件设备的搭建； ● 学会直播间光源的搭建与调整。

续表

任务名称	直播硬环境搭建	
任务分析	问题	分析
	直播间环境装饰需要考虑哪些因素？	
	常见的直播间硬件设备有哪些？	
	直播间光源有哪些类型？光源应该如何配置与调整？	

活动一　装饰设计直播间

知识要点

直播间装饰是指对直播间的环境进行设计布置，真实布景的直播环境立体感强。

直播间的搭建首先要做的是直播间的环境装饰，整洁、温馨、有文化内涵的直播布景，能给观众一个很好的视觉形象，同时也能给主播带来自信，为主播的直播效果加分。反之，则容易“溜粉”。

通常真实的布景比背景布的效果更好，立体感更强。直播间的背景墙最好选择浅色或灰色系，灰色系是最适合的背景色，不会曝光，视觉舒适，简洁大方。直播间的地板建议铺设图案简洁、浅色的地毯，既吸音又方便。直播间的其他装饰搭配可根据直播的产品及需求进行配置。

如图 1-23 所示是常见的极简现代风直播间装饰设计风格，供大家参考。此活动主要训练的职业工种为“直播销售员”与“平台管理员”。

图 1-23

下面就服饰类、美食类直播间的装饰风格进行说明（见表 1－6）。

表 1－6

风格类别	服饰类直播间装饰风格	美食类直播间装饰风格
装饰特点	服饰类直播间的装修成本较低，主要是能保证流畅地展现出本期的产品，一般采用简易装修即可。但是服饰类直播间的场地最好能大一些，这样镜头感会比较好，还有灯光效果要好，这样直播出来的感觉能更好地吸引观众的注意。	美食类直播间装修风格相对简易，但营造的美食氛围一定要好，所以在灯光的处理上比较重要。场地不用过大，能容纳主播及摄影团队即可，毕竟美食类直播间能出现的镜头人数以及物品不是很多。
装饰示例图		

活动探究

请根据所选择的合作企业，设计一款适合其行业特性的直播间装饰风格，并将装饰设计思路填入《活动探究活页手册》表 3 中。

活动二　认识直播间硬件设备

知识要点

硬件设备：各种物理装置的总称。

直播间常用的硬件设备有：专业摄像机、三脚架、专业麦克风、高配电脑、多路切换器、音频混合器、绿幕或背景布、高质量灯光等。

随着直播电商行业的发展，越来越多的直播团队开始搭建自己的网络直播间。其实一台手机就可以开直播，但是假如要呈现出优秀的直播效果，一台手机是远远不够的，不管我们是做电商直播还是短视频制作，往往都需要使用到专业的硬件设备。

下面我们就不同类型的直播间硬件设备进行介绍，此活动主要训练的职业工种为“平台管理员”“直播销售员”“视频创推员”。

1. 直播间常用的硬件类设备及其作用见表 1-7。

表 1-7

常用硬件类设备及其作用	
设备名称	设备作用
电视机/一体机	背景产品信息展示，通常位于主播身后，提供产品信息介绍
采集卡	采集摄像机信号将录制画面定时传输到电脑上
产品展示台	通常位于主播身前，用于放置并展示产品
导播台	切换不同摄像机机位，为推流电脑输出不同画面
高配电脑	直播间推流，直播平台操作
监视器	为主播、现场团队提供现场画面监听
监听耳机	为导演/导播提供现场声音监听的耳机
音效键盘	音效控制器
调音台	多路小蜜蜂声音控制
小蜜蜂	话筒，输出主播声音
提词器	为主播提供产品讲解、流程等信息提示
提词电脑	连接提词器，控制提词器显示内容

2. 直播间常用的摄像类设备及其作用见表 1-8。

表 1-8

常用摄像类设备及其作用	
设备名称	设备作用
摄像机	直播间画面采集
摄像机支架	固定摄像机，避免晃动
摄像头	直播间画面采集
摄像头支架	固定摄像头，避免晃动
顶摄摄像机	从头顶向下拍摄的摄像机
长焦机位	需要拍摄远景的摄像机
游机	移动拍摄的摄像机
特写机位	给产品、主播表情等特写的摄像机
直播手机	为主播提供的观看直播/评论的手机
手机支架	固定手机，避免晃动

3. 直播间常用的工具类设备及其作用见表 1-9。

表 1-9

常用工具类设备及其作用	
设备名称	**设备作用**
桌椅	展示样品，供主播休息
产品陈列架	陈列整理好的准备直播的样品（含赠品）
道具架	道具统一放置的架子，方便随时取用
插线板	为各类用电设备提供插电接口
KT 板	现场主播或场控提示使用
马克笔	主播或场控提示用
大力胶	各类连接线的连接固定
各类连接线	连接各类设备
电池	给小蜜蜂、通控器等供电
充电器	为直播机充电

活动探究

请扫描下方二维码，通过观看一段“直播一体机探知视频”了解现在市场上主流的直播一体机功能。观看完视频后，请根据你们所选择的合作企业，为其提供一份直播设备清单，并将设备信息填入《活动探究活页手册》表 4 中。

扫一扫

直播一体机探知视频

活动三　搭建直播间光源环境

知识要点

布光是指在室内外环境下，通过摄影灯改变光线的方向和强度，以对被摄物进行造型，从而达到拍摄要求。

一个好的直播间除了适当的装饰和合理的布局外，最重要的就是布光。为什么有的主播看上去白皙透亮，而有的主播看上去却暗淡无光呢？这些都是布光造成的，今天就为大家解密这些看上去“高大上”的主播是如何布光的。

一般来说，直播间面积越大，所需要的灯光也就越多，效果也会越好。下面就不同直播间空间面积所建议的灯光布置要求进行说明（见表 1 - 10）。此活动主要训练的职业工种为“平台管理员”“直播销售员”“视频创推员”。

表 1 - 10

空间面积	灯光数量	灯光布置说明	灯光布置示例图
9 平方米以下	1 盏灯	9 平方米以下属于单人小场景直播间，主播坐在椅子上，镜头里只展示主播的上半身。 这种情况下我们选择一盏万能的“环形灯”就可以了。 “环形灯”的光效均匀柔和，从各个方向将柔光打到脸上，可以达到瘦脸、补光、美颜效果。最重要的是能在主播的眼睛里反映出环形亮斑，俗称“眼神光”。	
10～15 平方米	2～3 盏灯	10～15 平方米也属于小场景直播，主播坐在直播台前进行直播和产品介绍，这时候可以采用双灯方案或者 3 灯方案。 双灯方案：主播左前上方一盏主灯，打亮主播面部；主播左侧（或者右侧）一盏辅光灯，同时照亮主播、产品和背景，提升画面层次感。 3 灯方案：如果主播是站着直播的，可以采用主灯＋辅灯＋地灯的布光模式。 主灯：照亮主播头发和面部，并且充当眼神光。 辅灯：主播右前侧补光，包围补光，同时充当一定环境光。 地灯：打亮主播腿部，避免走动展示时画面亮度不均匀。	 

续表

空间面积	灯光数量	灯光布置说明	灯光布置示例图
15～30平方米	4盏灯	15～30平方米适用于服装、小家电等产品，空间较大，所以灯的数量和功率也要增加，一般情况下需要4盏灯。 主灯：打亮场景，为主播脸上补光，使主播脸部光线更加均匀。 辅灯1：主播左侧补光，同时充当一定环境光。 辅灯2：主播右侧补光，同时充当一定环境光；2盏辅灯不用对齐，一前一后即可。 轮廓灯：作为轮廓光，置于主播身后（不在右图中显示），勾勒出主播轮廓，突出主体。	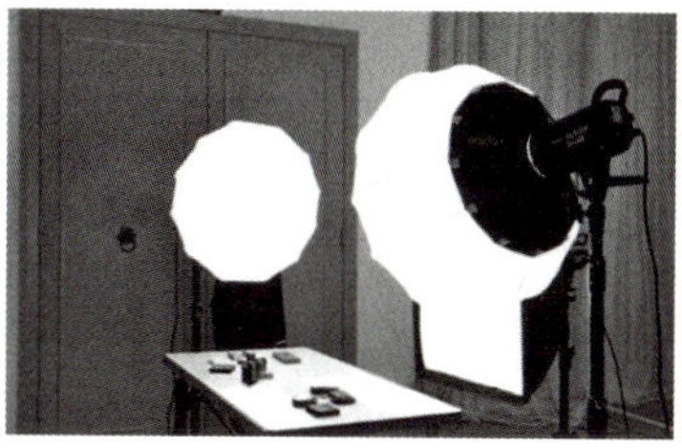

活动探究

请根据所选择的合作企业，为其制作一个直播间光源设计表，并填入《活动探究活页手册》表5中。

任务四 直播产品组合设计

任务说明书

任务名称	直播产品组合设计
任务情境	经过前面三个任务的学习，相信我们已经对直播平台操作与直播环境搭建有了一定的了解。但是要开始一场直播带货活动，怎么能够落下我们要直播的产品呢。 在正式开播前，直播团队一定要提前做好选品工作，形成合适的直播产品组合，并挖掘出产品卖点以及设置好合理的价格，为直播活动做好开播准备。
任务目标	● 掌握选择直播产品的方法； ● 掌握挖掘直播商品卖点的方法； ● 掌握设置直播商品价格的方法。

续表

任务名称	直播产品组合设计	
任务分析	问题	分析
	如何合理地选择直播产品，并规划产品讲解顺序？	
	我们可以从哪些角度挖掘产品的卖点？	
	如何合理地设置商品价格？	
	如何从直播产品组合中找出潜在的热门款？	

活动一　选择直播产品

知识要点

选品：是在市场范围内，结合目标客户的需求与企业的战略定位，从众多的产品或服务中，筛选出符合企业定位、满足客户需求，并具有竞争力的产品或服务，并将其进入销售渠道的过程。

直播间的产品结构不仅会影响直播间的销售业绩和流量留存，还会影响直播间抵御风险的能力，因此要懂得合理地规划直播间的产品结构，选择合适的产品组合进行直播。下面，请跟随指引，通过“直播间选品三步法”挑选出具有热卖潜质的直播间产品吧！此活动主要训练的职业工种为“选品员”与“直播销售员”。

第 1 步，明确选品依据。不管是短视频还是直播带货，选品都是决定销售成败的重要环节，一点都不能马虎。一般而言，可以根据粉丝画像、达人内容垂直度两方面作为选品依据（见表 1 - 11）。

表 1 - 11

选品依据	具体事项
粉丝画像	了解直播账号粉丝的基础画像，比如粉丝从哪里来，男性多还是女性多，年龄阶层、消费能力、行为习惯等，从而选择合适的产品。 关于粉丝画像分析的具体操作，可参考项目四“营销策划案设计与制作”中的“分析粉丝画像”活动内容。

续表

选品依据	具体事项
达人内容垂直度	直播达人的类型不同，定位则不同，直播选品也应有所侧重。例如我们是学生主播，主要的粉丝群为同学与亲友，那么我们所选择的产品可以以主打性价比的“零食”“日用品”“美妆护肤用品”为主。 例如专业型人设，比如@老爸评测，推荐的产品就可以以高客单价产品为主、中客单价产品为辅。

第 2 步，明确选品原则。直播带货的最终目的就是要把商品通过直播间销售出去，所以我们选择的直播间产品的价格、可展示性、适用性都非常重要。具体要求见表 1－12。

表 1－12

选品原则	具体事项
价格优先原则	作为学生直播团队，尽量选择价格门槛比较低的产品，降低直播间消费者犹豫时间，能定价 29.9 元的就不要定价 30 元。
可展示性原则	尽量选择在直播间能很好展示外观、使用方法和效果的产品。例如净水器能现场把被污染或有杂质的水净化成可饮用的水；剃须刀能现场把胡子刮干净。
适用性原则	针对消费者经常遇到的场景选品，尤其是学生直播团队初期最好选择面向较多人群的产品，提升直播间的流量转化率。

第 3 步，明确直播间产品组合结构。直播间产品组合结构也很重要，例如选择的所有商品都是高利润产品，但无法有效吸引直播间人气也不合理。一般情况下，直播间产品组合通常分为引流款、利润款与热门款三类（见表 1－13）。

表 1－13

类别	内容	使用场景
引流款	为直播间引进流量的产品。 一般情况下，引流款通常是性价比高的产品，是目标客户群体里面绝大部分顾客可以接受的产品，并常常以成本价，甚至低于成本价销售。	一般放在直播开播阶段进行热场，可以用来限时秒杀，有助于营造氛围，吸引更多流量。
利润款	提高直播利润的产品。 这类产品一般品质高，在产品卖点上有自己的独特之处，并且用户对这类产品的价格敏感度不高。适用于直播间目标用户中某一特定的小众人群，追求个性，愿意去消费，并且有能力去消费。	当直播间人气和流量较高的时候，主播会适当拉长利润款产品的讲解时间，反复强调产品的价格或活动，确保利润款产品被更多的人看到，更多地了解产品的信息，提高产品的转化率。

续表

类别	内容	使用场景
热门款	既是直播间的主打款，又是冲销量的产品。这类产品的受众面一定要广，而且必须是热门行业，体量一定是很大的。	上架的时段没有太多的要求，不管是流量高的时候，还是人气一般的时段，都可以上架和讲解。但需要时不时出现在直播中，以加深观众对产品的印象，从而提高效益。

例如，某直播间在为休闲零食代理服务商（B 企业）开展的一场直播中，选择将需求量大、受众面广、性价比高的奥尔良小鸡腿作为热门款产品，将好评众多、价格低廉的肉松蛋卷作为引流款产品，将品质高、各有突出特点且利润高的雪梨茶、拉面丸子、奶枣抱抱果、手撕面包作为利润款产品（见图 1－24）。

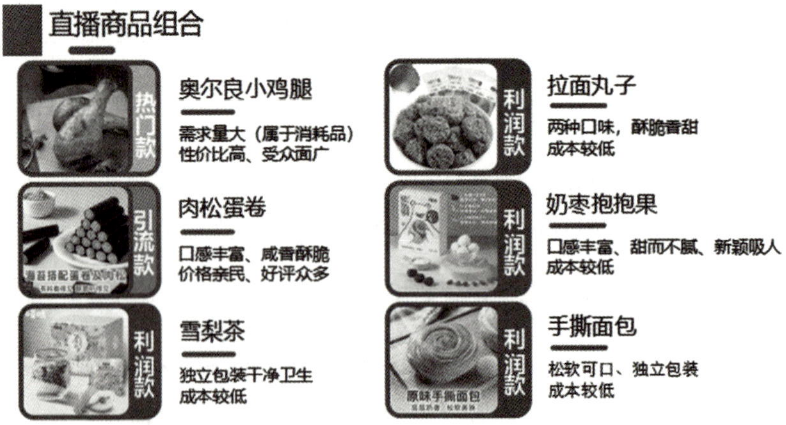

图 1－24

活动二　挖掘直播产品卖点

知识要点

卖点：所卖商品具备了前所未有、别出心裁或与众不同的特色、特点。

产品卖点通常是从产品的特性、用户体验、品牌价值、售后服务、价格优势、适用场景、创新特点、环保理念等方面体现的。

卖点是什么呢？通俗地讲，就是差异性，也就是你的产品和别人的产品不同的地方。一般情况下，主播在直播间的主要工作是做好对产品的全面介绍，展示产品的完整形象。在介绍产品时，可以遵循两个原则，一是对产品进行全方位的展示，二是准确地进行产品描述，因此，更需要在挖掘产品卖点上下足功夫。下面，请跟随指引，通过“产品卖点挖掘与设计两步法”为选出来的直播间产品进行卖点设计吧！此活动主要训练的职业工种为“选品员”与“直播销售员”。

第 1 步，明确卖点角度。这里给大家提供 12 个可尝试应用在自己的产品上的卖点角度（见表 1 - 14）。

表 1 - 14

挖掘产品卖点角度	内容	要点
1. 外观	外观是产品最大的广告，差异化的外观是最直接的卖点	1. 外包装是否有创意 2. 颜色是否有寓意 3. 形象是否有创意 4. 风格是否有引领性
2. 材质	通过对材质的卖点挖掘，其差异化可以令客户更加信赖产品的质量与价格	1. 材质是否有讲究 2. 材质是否有组合 3. 材质是否有创新 4. 材质是否有独特性 5. 材质处于什么级别
3. 工艺	工艺是虚卖点，加入自己的元素以及自身的背书可以使工艺有独家性	1. 什么独家的工艺 2. 什么原理的工艺 3. 什么配方的工艺 4. 什么大师的工艺
4. 概念	概念是虚卖点，唯一、不可复制，可以实现差异化竞争	1. 众筹产品有很多新概念 2. 科技产品有很多新概念 3. 跨行业产品可借鉴同类产品概念 4. 竞争激烈的类目，产生更多新概念
5. 理念	消费决策都是由消费理念组成的，越符合客户消费理念越可能成功	1. 产品设计理念 2. 产品使用理念 3. 产品品牌理念 4. 产品行业理念
6. 数字	数字更加具体、更加真实，给客户清晰感，赋予产品的特殊属性	1. 价格 2. 次数 3. 个数 4. 时数 5. 工序数
7. 功能	功能功效是最直接得到客户认可的，让客户付费的卖点	1. 有什么你有别人没有的功能 2. 有没有比别人升级的功能 3. 是否多功能 4. 功能解决了什么痛点

续表

挖掘产品卖点角度	内容	要点
8. 时间	时间能让产品更加情感化	1. 快：是不是比对手见效快 2. 慢：产品是不是耗费时间的精品 3. 新：产品是不是新鲜 4. 老：是否有历史 5. 长：是不是可以长时间满足客户 6. 时刻：是不是针对特殊时刻
9. 情怀	持久的情怀卖点建立在品牌持久的品质追求与持续的客户体验基础上	1. 创始人创业情怀 2. 个性化是一种情怀 3. 颠覆行业是一种情怀 4. 小众是一种情怀
10. 专家	利用专家进行背书	1. 产品设计专家 2. 产品生产专家 3. 产品行业专家 4. 产品决策专家 5. 产品引领专家
11. 人群	人群细分，不同需求，具备差异化卖点	1. 性别 2. 年龄 3. 职业 4. 关系 5. 特殊时期
12. 地域	地域的卖点是难以复制的，是品质的高度认可	1. 地区 2. 气候 3. 地理与地形 4. 地点

第 2 步，制作直播产品卖点表。直播产品卖点表用于汇总直播间的产品卖点，指导主播提炼直播话术，促进直播间销量。直播产品卖点表在直播营销中作用非常重要，是进入直播前的重点工作。

活动探究 1

请以休闲零食代理服务商（B 企业）的酥脆薄饼为例（见图 1 - 25、图 1 - 26），根据挖掘产品卖点的 12 个角度为该产品挖掘出卖点，填入《活动探究活页手册》表 6 中。

图 1-25

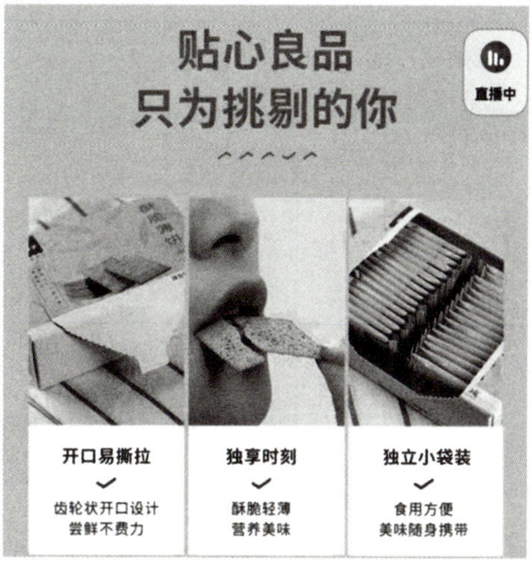

图 1-26

活动探究 2

请帮助你们的合作企业挖掘出直播间产品卖点，并填入《活动探究活页手册》表 7 中。

活动三　设定直播产品价格

知识要点

定价策略：是企业在市场上销售产品或服务时所采取的定价方式和策略。常见的定价策略有成本导向定价法、竞争导向定价法、价值导向定价法、心理定价法等。

价格是刺激消费的核心因素，在价格上做文章，可以刺激用户多下单、多消费。而产品定价又是一项复杂的工作，价格过高可能导致滞销，价格过低又可能导致脱销，失去盈利机会，因此要制定合理的定价策略，在保证自身盈利的基础上，为用户提供更多优惠，刺激购买欲望。

下面，请跟随我们的指引，通过“产品价格设置两步法”为挑选出来的直播间产品进行价格设计吧！此活动主要训练的职业工种为“选品员”“直播销售员”“平台管理员”。

第 1 步，明确产品价格设置策略。这里给大家提供 7 种常见的产品定价策略，可尝试应用在自己的产品上，设计出更有吸引力的价格体系（见表 1-15）。

表 1 - 15

直播间产品价格策略	内容
1. 直播间的产品偏爱 9.9 元、19.9 元	以 9 结尾的价格的产品更好卖。例如： 100 元这个价格会被大家归纳到“上百块钱”里，而 99 元的东西只会归纳到“几十块钱”里。 19.9 的开头是 1，而 20 开头是 2，开头数字越小，越容易引起消费者的注意。所以，在直播间定价中，能定 199 元绝不定 200 元。
2. 小产品大优惠，大产品小优惠	相比 1 999 元的产品便宜 100 元，大家更希望一个 9.9 元的东西，便宜 5 元，或者直接 1 元秒杀。因为 9.9 元的东西便宜 5 元，占到了它价格的一半，大家会有超值的感觉。 在定价时，可以送一些超低门槛的优惠券，靠低价单品刺激大家来直播间购物消费，再把亏的钱，从高价单品中赚回来。
3. 告知原价，价格对比更强烈	只是说自己东西多么便宜往往会空口无凭，只有把原价放上去和活动价进行对比，才能证明产品“优惠”幅度有多大。 各直播平台头部主播们也是这样操作的，不仅会先报原价，还会报双十一、618 的价格，最后再报直播间价格，显得直播间力度更大。
4. 能买一送一绝不 5 折	买一送一和 5 折本质上是一样的，但买一送一会使销量更高。 “优惠>礼品>折扣”：优惠是可以直接看到实际的价格变化的，视觉冲击力最大。其次就是买一送一，或者送赠品。 例如：某头部主播直播间中很多产品都以赠品、组合的形式出售，虽然优惠力度不是很大，但只要东西一多，也能产生“超值”的错觉。到现在，直接演变成拍一送三、拍一送十的夸张玩法。
5. 一次卖 4 件的阶梯型定价	各直播平台头部主播们的直播间经常会出现阶梯型定价的情况，用阶梯定价的方式，特别能刺激消费者的神经。 例如：4 件产品 67 元，他们偏要第一件 39 元（原价）；第二件便宜 20 元，只要 19 元；第三件再减 10 元，只要 9 元；第四件直接免费。 此策略能一次售出 4 份产品，是清库存的绝佳妙招。
6. 东西贵不贵，就看如何比	有一些产品和同类比很贵，但是换一个对比物，就会显得便宜了。 例如：某些品牌上千元的面霜、神仙水，和常规几百元的一比已经算很贵了，但是换成与玻尿酸、水光针、光子嫩肤等进行对比，价格就低了。 记住，只要和功能相同的高价产品一比较，东西就不会显得很贵了。
7. 只要均分到天，什么东西都不贵	针对高价产品可以将钱均分到天。 例如：某牌口红，3.5g350 元（官方价格），平均 1g100 元。而 B 站某 UP 主测试，一支口红能用 1 800 次，一天用 3 次可以用一年多，每天大概花费 5 角 8 分。 按照使用日期折合成单日花费，这样算下来什么东西都不会很贵了。

第 2 步，明确直播间定价公式。对于直播间观众来说，没有什么东西能比价格更让人敏感的，价格的高低即意味着他们要从兜里掏多少钱。那么如何让观众感受到这份钱花得值，就是直播间定价需要考虑的。这里给大家提供两种常见的产品定价公式，可尝试应用在自己的产品上，以设计出更有吸引力的价格体系（见表 1－16）。

表 1－16

定价公式	适用主播	优势	劣势
成本×(1.6～2.0)＋优惠	大部分成熟、产出稳定、流量稳定的主播	直播流程简单明了，沟通成本较低，随到随播，随播随走	无差异化，缺乏市场核心竞争力
成本＋利润＋佣金＋优惠	新人主播＋突破期的主播	利润可以是 30％或者是 50％（可根据自身类目产品定），减少价格同质化，是孵化期和突破期主播的利器	人员成本、沟通成本都比较大，同质控价不容易做到

活动探究

请帮助你们的合作企业进行直播间产品定价，并将定价信息填入《活动探究活页手册》表 8 中。

任务五 直播脚本设计

任务说明书

任务名称	直播脚本设计
任务情境	相信通过任务四的学习，大家已经对如何选品、挖掘卖点和定价有了一定的了解。估计很多同学会问接下来是否可以开始进行直播带货了，答案是否定的，在直播前，还需要设计直播脚本。 直播脚本是主播和工作人员提前熟悉直播流程，明确每一时段动作行为的指导书。很多人会觉得直播脚本只是给主播看的，其实所有的工作人员都需要提前了解直播脚本的内容，明确自己要做哪些工作。 直播脚本最大的作用就是让团队成员之间的信息保持同步，沟通更顺畅，执行更到位。同时，一个清楚详细的直播脚本，也能让主播更好地掌控直播间的节奏，大大提高直播带货效果。 接下来，我们一起来学习单品直播脚本和整场直播脚本的设计。

续表

任务名称	直播脚本设计	
任务目标	● 完成一份单品直播脚本设计； ● 完成一份直播产品时间安排表； ● 根据合作企业的产品完成一份整场直播脚本设计。	
任务分析	问题	分析
	挖掘出的产品卖点如何有效融入单品脚本中？	
	如何更合理地设计每一个单品的直播时长？	
	如何更合理地设计一场完整的直播流程？	

活动一　设计单品直播脚本

知识要点

1. 直播脚本：是在进行直播活动时，事先制定好的一份详细的文字稿件，用于指导主播在直播中的表现和发言。直播脚本通常包括开场白、主题介绍、互动环节、结尾致辞等内容，旨在提高直播效果，增强观众的观看体验。

2. 单品讲解五步法：发现需求；放大需求；给出方案；用户评价；促单销售。

单品直播脚本是指以单个商品为对象，包含商品解说、品牌介绍、功能展示等内容的脚本。一场2～6小时的直播中，主播会推荐多款产品，其中每一款产品都要有一份对应的单品直播脚本，以表格的形式将产品的卖点和优惠活动标注清楚，这样可以避免主播在介绍产品时手忙脚乱、混淆不清。

对于新手主播来说，建议每款产品的直播讲解时长控制在10分钟左右，而且产品讲解时可以采用“单品讲解五步法”。此活动主要训练的职业工种为“选品员”“直播销售员”，具体操作如下：

第 1 步：发现需求（1 分钟）

发现需求即要挖掘用户的痛点。所谓痛点，一般是指用户在正常的生活当中所遇到的问题、纠结和抱怨，如果这个事情不解决，用户就会觉得很痛苦，即用户尚未被满足而又被广泛渴望的需求。

这一环节中，主播可以通过观众最为关注的商品性价比和商品使用效果两个方面入手，挖掘同类商品中出现的一些痛点，从而赢得用户的认同。比如，主播在准备讲解一款散粉前，可以说："经常需要化妆的宝宝们都想买一款不卡粉的散粉来定妆，大品牌的虽然质量好，但是价格有些贵了。对于化妆新手来说，真的需要一款质量好、价格又亲民的散粉。"

第 2 步：放大需求（约 1 分钟）

放大需求即主播需要通过事先设定好的话术，让观众的需求达到最高值，给观众一个迫切想买的理由。主播可以通过互动的形式让观众参与进来，可以说"主播给大家接下来推荐的这款散粉，真的性价比太高了，而且最重要的是它的粉质非常细腻，不飞粉，不厚粉，完全不输给大品牌的散粉，想了解的宝宝们在评论区扣 1"，这也是提高互动率的一个小技巧。

第 3 步：给出方案（约 3 分钟）

主播可以把产品呈现给观众看，并详解介绍产品卖点。品牌介绍、利益点强调、引导转化等，可以参考产品的淘宝详情页，但是千万不要照搬照念，一定要加入自己的话术，比如主播在介绍口红的时候会说"像小精灵在你嘴巴上跳舞"。

第 4 步：用户评价（约 3 分钟）

直播前可以通过淘宝评论区、小红书笔记、公众号软文等渠道，找到详细的用户评价。

第 5 步：促单销售（约 2 分钟）

让大家下单的时间不宜过长，主播可以直接说出秒杀价格是多少，前三个下单有什么优惠，加入粉丝团有什么优惠，等等，促进观众下单。

活动探究

请扫描下方二维码，通过阅读"单品直播脚本设计案例"，系统认识"单品讲解五步法"的使用。阅读完毕后，请根据所选择的合作企业，为其制作一个单品直播脚本，并填入《活动探究活页手册》表 9 中。

扫一扫

单品直播脚本设计案例

活动二　设计整场直播脚本

知识要点

整场直播脚本八步设计法：确定直播主题→确定直播时间段→确定直播时长→确定直播目标→确定人员分工→确定直播间玩法→确定产品顺序→确定话术与剧本。

整场直播脚本是对整场直播的脚本编写。一场好的直播离不开一个设计严谨的脚本，有头有尾，有开篇有高潮。在直播过程中，直播脚本能帮助我们把控直播的节奏，规范流程，达到预期的目标，让直播效益最大化。因此，整场直播脚本是直播的关键。

下面，请跟随我们的指引，学习“整场直播脚本八步设计法”，为我们的直播带货活动进行整体脚本设计吧！此活动主要训练的职业工种为“选品员”“直播销售员”“平台管理员”，具体操作如下：

第 1 步：确定直播主题

直播之前，首先要明确直播的主题是什么，是为了优惠促销、传递信任、增加粉丝，还是打造品牌？这个很重要，在创建直播间预告时，可以把直播的主题直接标注出来，给观众一个提示。

第 2 步：确定直播时间段

众所周知，20—24 点是直播的黄金档期，这个时间段流量是最热的时候。大部分的主播都会选择这个时间段开播，并且平台的流量 70%集中在头部主播直播间，剩下 30%分散到各个中小直播间，导致这些中小直播间的在线人数常常只有很少的人。

作为一名新的主播，除了关注晚上的黄金档期，还可以关注另外两个直播时间段，即 6—10 点（圈粉时间段）和 12—18 点（维护粉丝时间段）。

第 3 步：确定直播时长

现在主流的直播平台，一般是不限制直播时间段的，想什么时候开播都可以，有些新账号在养号期间可以一整天都在直播。不过长时间直播的主播肯定是会累的，所以不建议这么操作，但是只直播一两个小时，除非是拥有千万粉丝号召力的主播，不然也是没有什么流量扶持的，所以一次开播的时长最好在 4～5 个小时。

第 4 步：确定直播目标

主要是确定直播活动的预期目标。这个目标可以是直播间的销售目标，也可以是品牌力提升的目标。这个目标一般由直播运营人员与商家管理层共同确认，并且目标不可以太笼统，要具体，这样才有利于活动实施管理。

第 5 步：确定人员分工

电商直播是一个对团队协作要求极高的营销过程，除了主播、助播这些常见的前端角色外，还包含很多在镜头面前看不到的后端服务人员，例如场控、中控、运营策划等。

一般情况下，需要在开播前明确这些岗位人员的具体构成，以便更好地执行直播活动。下面是一些直播活动重要岗位的工作内容简要说明（见表 1－17）。

表 1－17

角色	工作内容
主播	负责镜头前直播，熟悉商品信息，介绍并展示商品，与用户互动，介绍活动，复盘直播内容等。
助播	又称副播，协助主播直播，与主播配合，说明直播间规则，介绍促销活动，补充商品卖点，引导用户关注和下单等。
场控	负责直播间的中控台，协调商品的上下架，发送优惠券、红包、公告，进行抽奖送礼，随时根据直播间要求更改商品价格，同时控制直播间进度和节奏等。

第 6 步：确定直播间玩法

合理设置直播间玩法可以有效炒热直播间人气，提升销售转化率。下面是一些常用的直播间玩法说明（见表 1－18）。同时也提供微盟直播平台的直播间营销玩法供大家参考（见图 1－27）。

表 1－18

玩法活动	具体内容
做限时/限量促销活动	在整点进行，可以刺激用户转化，调动直播间气氛。
优惠券	可以在直播间发放优惠券，该优惠券只在你的直播间购买生效，专属利益点同样能够刺激用户转化。
抽奖	可以设置粉丝团抽奖、评论抽奖等活动。通过设置定时抽奖、整点/半点抽奖，可以增加用户停留时长。

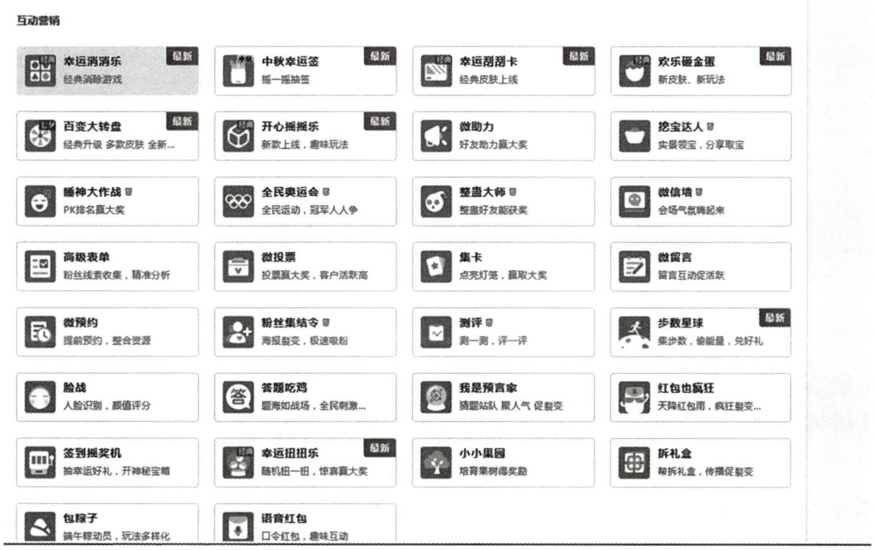

图 1－27

第 7 步：确定产品顺序

产品顺序即直播时先播什么产品，后播什么产品。产品顺序对于直播间在线人气、流量影响是非常大的。直播带货并不是简单把橱窗里的产品全部上架罗列到直播间依次介绍就行了。不同的产品排列顺序，对观众留存、下单转化有不同的影响度。

既然如此，直播间产品应该如何排兵布阵呢？下面，我们提供一些产品顺序的具体指引（见表 1－19），同时也提供一个企业的真实产品顺序案例供大家参考（见表 1－20）。

表 1－19

顺序	时间节点	商品类型	作用意义
1	开播之初	引流款（宠粉款）	开播之初，先热场互动。介绍当天的福利活动、秒杀产品，比如整点秒杀、整点抽免单、买赠等。 然后在直播开场发放宠粉福利“引流款”，既留住进入直播间的人，也可以给后面利润款的商品带来成交。
2	“第一组合”直播时间段	引流款（宠粉款）＋利润款	接下来进入的是利润款，即当场直播的主打利润商品。利润款最好与宠粉款相关，以便主播将宠粉款顺利过渡到利润款。
3	“第二组合”直播时间段	热门款	直播间的热门款（主打款），即冲销量的产品。这类产品的受众面一定要广，而且必须是热门行业，这样才可以有效保障直播间销量。
4	“第一组合”“第二组合”类型产品循环播报		

表 1－20

时间安排	产品顺序	主播安排
16:00—16:10	热场互动，活动宣贯，粉丝引导	张小小
16:10—16:30	第一组宠粉 1～2 款（宠粉＋利润）	张小小（主）＋王丽丽（助）
16:30—17:00	第一组主打 2～3 款	张小小（主）＋王丽丽（助）
17:00—17:10	整点/半点重磅福利放送	张小小（主）＋王丽丽（助）
17:10—17:30	第二组宠粉 1～2 款	王丽丽（主）＋张小小（助）
17:30—18:00	第二组主打 2～3 款	王丽丽（主）＋张小小（助）
18:00—18:30	第一组＋第二组快速过款	王丽丽（主）＋张小小（助）

第 8 步：确定话术与剧本

在整场直播脚本中，由于涉及多个不同产品之间的讲解，因此可以在脚本里面针对每一个商品讲解过程中的一些话术进行关键字提炼，便于主播了解每一个商品的讲解细节。

同时为了活跃直播间的气氛，还可以在不同的直播节点设计一些互动剧本，例如制造库存紧张氛围，现场联系商家补库存、砍价，品牌方、店长联合讲解，等等，这些都可以有效地吸引粉丝关注直播间。下面提供一些常见的直播间话术供各位同学参考（见表 1－21）。

表 1-21

话术场景	话术参考
直播开播话术	1. “大家好，我是一名新主播，今天是直播带货第××天，感谢大家对我的支持。” 通过简单的自我介绍，表明自己的真诚与感谢，让粉丝感知到开场预热。 2. “欢迎宝宝们进我们的直播间，今天我们直播间会出一款史无前例巨大优惠的产品哦，一定不要错过了哟！” 开播就点名直播中有超级福利，暗示粉丝带着期待进入状态；另外可以使用“宝宝”“家人”“我的×粉”等专属昵称，体现粉丝的独特，传递主播的热情。 3. “宝宝们，大家好，我们是厂家直播……没有中间商赚差价，我们会给到你们难以想象的折扣。” 自我介绍突出自己的厂家优势，暗示粉丝产品的性价比高，主播推荐的产品都是最低价格。
留人话术	1. “欢迎刚来的宝宝，点击关注主播，等一下关注达到 100 个人我就发红包，右下角点赞到 1 万的时候发红包。” 整场直播过程中，一定不能忽视用户的关注引导。引导的时候，可以把关注用户的福利说一次，保证每个粉丝不漏掉。 2. “欢迎×××（ID 名）来到直播间！” 直播间里除了老粉，还会有新粉进入。当你的直播间有新粉来的时候，一定不能忽视他们，可以在直播间直接喊出新粉的昵称，让他们感觉到自己被重视。 3. “宝宝们，8 点半我们有发红包活动，9 点半我们有个 10 元秒杀活动哦！” 说出直播福利放送的时间点，把粉丝留在直播间。
互动话术	1. “大家扣 1，让我看到你们的热情，热情越高我给的秒杀价越低！” 直播过程中，可以通过“扣屏”的方式活跃直播间，让用户参与进来，营造热闹的感觉。 2. “想看×号的刷 1，想看××的刷 2。” “喜欢左手这一套衣服的刷 1，喜欢右手这一套的刷 2。” 用产品主动提问，向用户抛出话题，引导用户参与评论且不用思考。
成交话术	1. “这款产品之前我们在某平台已经卖了 10 万套！” 通过产品的销量体现产品的可靠性，暗示用户产品没有问题，用具体的数字体现产品受欢迎。 2. “我自己就在用，已经用了 10 瓶了，出差也天天带着！真的特别好用！” 把“自用款”抛出来，为产品做担保，提高信任度。但千万不要每一个产品都说自用款，否则就不真实。
催单话术	1. “不用想，直接拍，只有我们这里有这样的价格，往后只会越来越贵”。 对粉丝发出行动指令，并且暗示在这里购买才是“最划算”的，以后买就要付出更高的成本，制造出紧迫感。 2. “今天的优惠数量有限，只有 100 个，这款衣服这个颜色就只有最后××件了，卖完就没有了！” 3. “还有最后三分钟，没有买到的宝宝赶紧下单、赶紧下单。时间到了我们就下架了。”

续表

话术场景	话术参考
下播话术	1.“主播还有 20 分钟就下播了，非常感谢大家的陪伴，今天和大家度过了非常愉快的时光，主播最后给大家抽个奖好不好？大家记得关注我，下次开播就会收到自动提醒信息，我也会想念大家。” 2.“下播前再给粉丝来一波抽奖福利，大家关注下，下次直播的时间为××日×时，大家预约起来。” 3.“轻轻地我走了，正如我轻轻地来，感谢各位的厚爱！其实不想跟大家说再见，不过因为时间关系，这次直播马上要结束了，最后给大家唱/放一首好听的歌曲，让我们结束今天的直播。”

活动探究

请扫描下方二维码，阅读“整场直播脚本案例”作为参考。阅读完毕后，请根据所选择的合作企业，为其制作一个整场直播脚本，并填入《活动探究活页手册》表 10 中。

扫一扫

整场直播脚本案例

项目检测

一、单选题

1. 直播中主要负责直播电商的整体规划的是（　　）。

A. 美工　　B. 主播　　C. 运营　　D. 助播

2.（　　）一般品质高，在产品卖点上有自己的独特之处，并且用户对这类产品的价格敏感度不高。

A. 热门款　　B. 利润款　　C. 引流款　　D. 精美款

3. 主播的主要工作内容是（　　）。

A. 随时根据直播间要求更改商品价格，同时控制直播间进度和节奏等

B. 负责镜头前直播，熟悉商品信息，介绍并展示商品，与用户互动，介绍活动，复盘直播内容

C. 说明直播间规则，介绍促销活动，补充商品卖点，引导用户关注和下单

D. 设计购买页的海报主图，吸引消费者，引导消费者购买

4. 下列不属于直播间玩法的是（　　）。

A. 限时/限量促销活动　　B. 优惠券

C. 连麦互动　　D. 抽奖

5. 下列属于直播开场话术的是（　　）。

A. “欢迎刚来的宝宝，点击关注主播，等一下关注达到 100 个人我就发红包，右下角点赞到 1 万的时候发红包。”

B. “大家扣 1，让我看到你们的热情，热情越高我给的秒杀价越低！”

C. “宝宝们，8 点半我们有发红包活动，9 点半我们有个 10 元秒杀活动哦！”

D. “欢迎宝宝们进我们的直播间，今天我们直播间会出一款史无前例巨大优惠的产品哦，一定不要错过了哟！”

二、多选题

1. 电子商务直播发展分为（　　）。

A. 成长期　　B. 初始期　　C. 变现期　　D. 爆发期

2. 国内直播垂直细分方向可以分为（　　）。

A. 游戏直播　　B. 泛娱乐直播　　C. 电商直播　　D. 企业直播

3. 直播间产品的（　　）都非常重要。

A. 外观　　B. 价格　　C. 可展示性　　D. 适用性

4. 一般情况下，直播间产品组合通常分为（　　）。

A. 引流款　　B. 利润款　　C. 精美款　　D. 热门款

5. 下列属于产品定价策略的是（　　）。

A. 直播间的产品偏爱 9.9 元、19.9 元

B. 能买一送一绝不 5 折

C. 小产品大优惠，大产品小优惠

D. 告知原价，价格对比更强烈

三、判断题

1. 主播是直播电商的核心岗位，是直播间的门面担当。（　　）

2. “环形灯”的光效均匀柔和，从各个方向将柔光打到脸上，可以达到瘦脸、补光、美颜效果。（　　）

3. 在介绍产品时，可以遵循两个原则，一是对产品进行全方位的展示，二是准确地进行产品描述，因此，更需要在挖掘产品卖点上下足功夫。（　　）

4. 引流款产品的受众面一定要广，而且必须是热门行业，体量一定是很大的。（　　）

四、案例分析

岁稔年丰　直播致富

春节前夕，正是牛羊肉销售高峰期，海北藏族自治州祁连县八宝镇东村村民马某忙得不亦乐乎。长期从事牛羊和畜产品销售的马某，眼光独到，思维活跃。看到直播带货在抖音平台火起来之后，他自己也开始化身网络主播，通过抖音直播的方式，在线销售祁连山草膘牛羊肉，引来全国各地网友的关注。

“‘祁连牦牛’‘祁连藏羊’是国家农产品地理标志登记保护产品，牛羊肉的品质天然、营养、健康。只要品尝过我们的牛羊肉和特色产品，就会知道我们青海为什么能够成为绿色有机农畜产品的输出地。”马某颇为自豪。

目前马某的网店主要经营冷鲜牛羊肉，为了保证质量，马某的团队以高于市场价的价格向牧民收购。他表示，今后将进一步拓展销售渠道，增加产品种类，让祁连更多的绿色有机牛羊肉和优质农畜产品走向全国，让当地牧民成为真正的受益者，帮助脱贫户销售牛羊，共同致富。

问题：

1. 根据所学知识，马某在直播前需要借助哪些平台和工具实现直播?

2. 请你挖掘马某的店铺产品的卖点。

3. 根据马某的店铺产品的卖点，请你帮他设计一份关于祁连山草膘牛肉的单品直播脚本。

项目二

直播过程实施

学习目标

知识目标

- 掌握直播预热的方式，并能策划直播的活动预热方案；
- 了解开播前软、硬环境确认的具体内容；
- 掌握直播活动实施的具体流程；
- 熟练应用单品讲解五步法引导用户下单。

技能目标

- 能够完成直播间封面图、活动海报的设计与制作；
- 能够设计一个有吸引力的直播开场白；
- 能够用直播切片和全程录制的方法进行直播过程记录。

素养目标

- 积极参与活动，提高语言表达及沟通交际的能力；
- 积极思考问题，提高协作解决问题的能力；
- 培养诚信、实事求是的职业精神。

思维导图

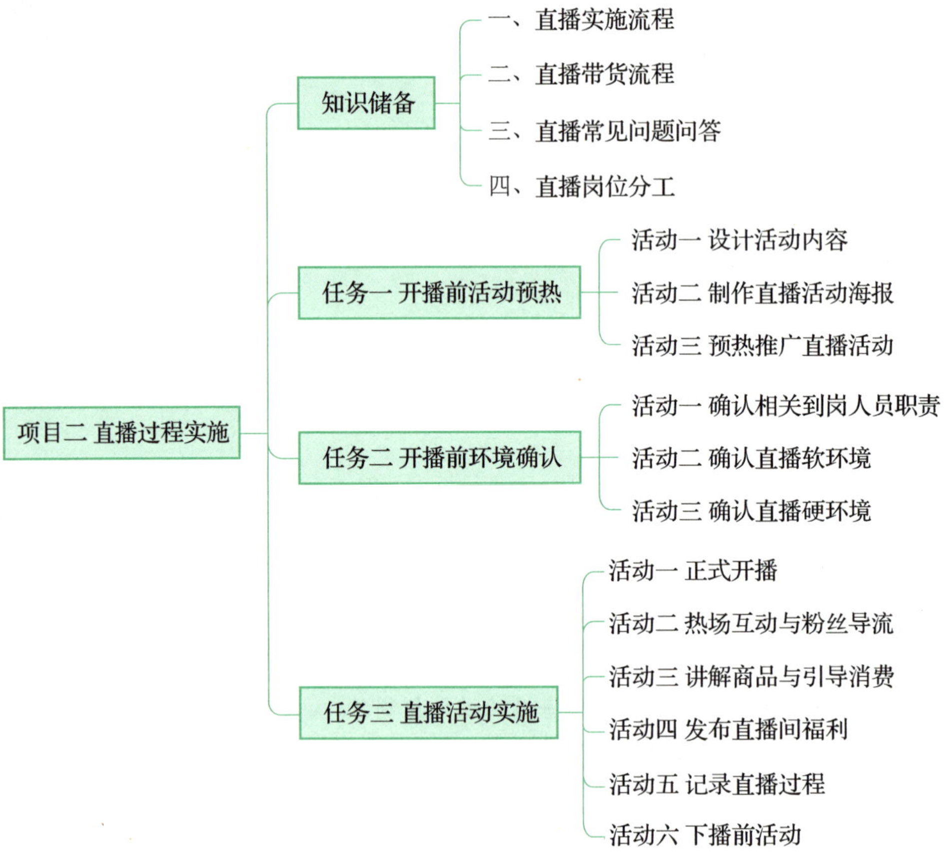

情境导入

经过对直播前活动策划内容的训练，大家都已经完成直播前的准备工作，并顺利通过了合作企业的考核。现合作企业又提出新的任务，为了实现企业品牌价值与销售数据的有效提升，需要我们的学生帮助企业执行一场完整的淘宝直播活动，要求做好“开播前活动预热”“开播前环境确认”“直播活动实施”等一系列的环节。

通过以上情境，请大家思考并分小组讨论，完成表 2-1。

表 2-1

问题	讨论结果
1. 直播前预热需要做哪些准备工作？	
2. 直播预热文案应该包含哪些内容？	
3. 如何将粉丝引流到直播间？	

知识储备

一、直播实施流程

直播实施流程一般分为开播前活动预热、开播前环境确定、直播活动实施三大环节（见图 2－1）。

开播前活动预热 → 开播前环境确认 → 直播活动实施

开播前活动预热	开播前环境确认	直播活动实施
1.设计活动内容 2.制作活动封面 3.发布直播预告	1.相关人员到岗确认 2.直播软环境确认 3.直播硬环境确认	1.开播开场白 2.热场互动与粉丝导流 3.商品讲解与消费引导 4.直播间福利发布 5.直播过程记录 6.下播前活动预告与互动

图 2－1

二、直播带货流程

按照商品讲解过款的方式，直播带货流程一般可分为顺序过款式和循环过款式两种（见表 2－2）。

表 2－2

顺序过款式	循环过款式
一场直播中，由于需要直播的商品比较多，一款接一款的介绍，一款产品往往在这场直播中只能介绍一次。 顺序过款式，往往在第三方主播带货、尾货清扫、品牌直播中应用较多。	单场直播中商品数量不多，或者品类不多，需要对单个商品进行循环介绍。 循环过款式在商家播、店播中应用较多。

对于某一阶段（一般为 30 分钟）的直播，通常用“六步带货法”实现（见表 2－3）。

表 2－3

步骤	内容
第一步：聚人	直播开场阶段，通过 1～5 分钟时间，利用欢迎话术或者抽奖活动，吸引大家注意力，快速让用户进入观看直播的状态。
第二步：留客	利用 5～12 分钟时间，介绍当场直播间要带哪些货，有什么优惠活动。通过快速的介绍，让用户对整场直播有一个具象的了解，并产生继续看下去的欲望。

续表

步骤	内容
第三步：举证	讲解带货的商品，要将商品的亮点、优势展现给观众。时间长度约为 5 分钟。
第四步：说服	看到这个阶段的观众，往往已经对这个商品动心，主播需要关注用户的需求，及时回答用户提出的问题，让用户放下顾虑，安心购买。这一阶段时间长度约为 5 分钟。
第五步：催单	主播通过话术，强调商品的优惠幅度，营造“买到就是赚到”的氛围，不断刺激用户下单。时间一般为 5～8 分钟。
第六步：逼单	通过倒计时、限量赠送等方式，让用户感到“过了这个村就没这个店儿”，从而赶紧下单。

三、直播常见问题问答

以淘宝直播为例，常见问题及解答见表 2－4。

表 2－4

直播常见问题	解答
开始直播要注意什么？	手机开飞行模式或者勿扰，避免来电打扰，影响直播效果； 保持 Wi-Fi 畅通； 封面图不要出现牛皮癣类广告。
直播过程中怎么屏蔽广告？	用主播账号点击发广告人的账号，点击“屏蔽”。
用户说直播卡/听不见声音怎么办？	直播手机一定要保证电量充足＋备用手机双保险，不能电量过低，不能边充电边播，会很卡。 如果很卡但还没有断开的情况下，可双击 Home 键，退出手机淘宝进程，再重新打开进入，恢复该直播，可缓解卡顿问题。 主播也可以在直播间中这样告诉用户：“亲，请您确认手机未在静音、震动模式；确认手机淘宝可访问您的麦克风哦。”
直播时有电话打进来怎么办？	三分钟内可以在直播界面上选择返回直播间。
淘宝直播中的商品链接可以修改吗？	淘宝直播视频是实时发送的，目前不支持商品链接的修改。
如何查看之前的直播回放？	以淘宝直播为例，可以进入手机淘宝—淘宝直播—个人主页中找到往期直播记录进行查看。
直播频道中影响浮现位置排名的相关规则有哪些？	点赞数、观看人数、关注人数、直播频率、内容精彩程度等相关维度会影响到直播的位置排名。

续表

直播常见问题	解答
主播可以换人吗?	禁止换人播或账号外借，认证的主播本人必须经常出面，不得出现借用、经常更换认证主播的情况，特殊情况如品牌代言人、大咖来直播，可与小二沟通说明清楚，避免封号。
为什么在网络没有问题的情况下，直播间就突然消失了呢?	直播间突然消失排除网络问题导致的信号中断的情况，也可能是因为直播内容、封面图、主播存在违规行为，淘宝直播 24 小时都有小二巡查直播间。

四、直播岗位分工

一场完整的直播一定不是一个主播可以单独完成的，而是需要团队成员的默契配合，通过前期策划、直播商品选择、脚本撰写、直播过程中人员协调配合、主播人员发挥、直播后总结分析等环节来达到最优效果。

直播团队按照直播组织不同，一般可分为个人直播团队、商家直播团队、MCN 机构直播团队和供应链基地直播团队。按照任务分工，又可分为策划团队、主播团队和运营团队（见图 2－2）。

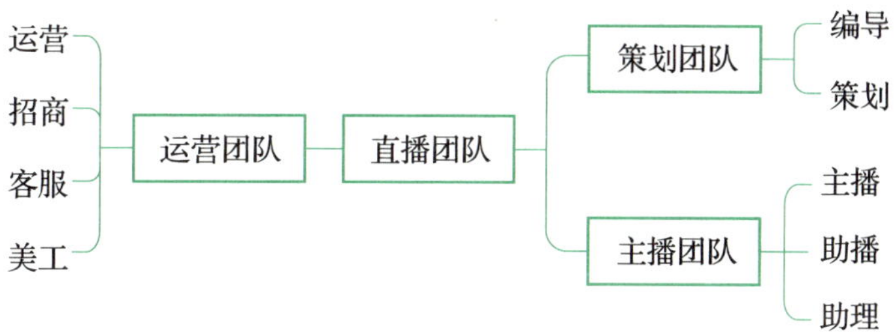

图 2－2

通常根据工作人员在直播工作中承担的任务，可设置如下直播岗位：编导、场控、主播、助播（副播）、助理、产品经理（招商）、运营、客服、美工等。下面，我们以一家 MCN 机构人员配置的角度，看看搭建一个完整的直播团队需要涉及哪些具体岗位（见表 2－5）。

表 2－5

直播岗位	岗位职责
编导	负责策划直播活动，撰写直播脚本等。
场控	负责直播间的中控台，协调商品的上下架，发送优惠券、红包、公告，进行抽奖送礼，随时根据直播间要求更改商品价格，同时控制直播间进度和节奏等。

续表

直播岗位	岗位职责
主播	负责镜头前直播，熟悉商品信息，介绍并展示商品，与用户互动，介绍活动，复盘直播内容等。
助播	又称副播，协助主播直播，与主播配合，说明直播间规则，介绍促销活动，补充商品卖点，引导用户关注和下单等。
助理	配合直播间的所有现场工作，为主播和助播递送商品，调试灯光，作为第三主播的身份有时也需要出镜介绍商品等。
产品经理	又称招商，负责与供应商对接，提供直播间的商品，挖掘商品卖点，直播前为整个直播团队培训商品知识，优化商品展示流程等。
运营	负责直播推广、数据分析、收集活动信息，策划活动文案，执行活动计划等。大型的直播团队，运营岗位往往由团队组成，可分为数据运营、店铺运营、内容运营等，成员之间相互分工，实施精细化运作。
客服	负责直播间用户的实时咨询和回复，并引导用户下单。
美工	负责制作直播预热活动海报、直播间封面、商品主图、直播间贴图等，负责直播期间商品上下架等工作。

在实际直播团队中，按照直播规模的差异，往往会一人同时承担多个岗位职责，如客服和美工是同一人，产品经理和运营为同一人。

任务一　开播前活动预热

任务说明书

任务名称	开播前活动预热
任务情境	通过对直播前活动策划部分的学习，相信你已经了解直播前需要做的准备工作。那么是否完成这些就可以直接开播了呢？答案是 NO！开播后没有流量或很少人进入直播间，也不能达到良好的销售转化效果，那么开播前我们还要做哪些准备工作呢？ 接下来，我们一起来学习如何通过预热宣传来增加直播间人气，以及吸引流量的相关注意事项。
任务目标	● 根据直播计划，策划一场直播预热活动方案； ● 学会设计制作直播间封面图、活动海报图； ● 能发布直播预告。

续表

任务名称	开播前活动预热	
任务分析	问题	分析
	为增加流量，直播前可以通过哪些方式进行预热宣传？	
	你会被哪种预热方式吸引进入直播间？	
	设计直播间封面图有哪些注意事项？	
	如何最有效地发布直播，获得更多流量？	

活动一　设计活动内容

知识要点

开启一场直播，要想取得好的直播效果，需要大量的流量。如何才能获得大量的流量呢？这与直播预热活动密不可分（见图2-3），常用的直播预热策略包括直播文案预热、短视频预热、付费预热及其他预热方式。

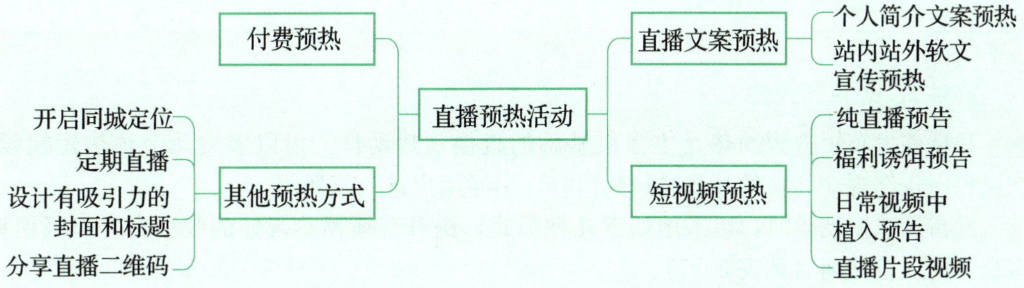

图2-3

1. 直播文案预热是一种营销策略，它通过在直播前发布相关的文案信息，向目标受众传达直播的内容、时间、亮点等关键信息，以引起他们的关注和兴趣。

2. 短视频预热是指在正式推广或直播之前，通过发布一系列短视频来吸引目标受众的关注和兴趣，为后续的推广活动或直播打下良好的基础。

3. 付费预热是一种营销策略，它涉及在直播活动开始前通过付费的方式增加直播的曝光度和关注度，以吸引更多的观众进入直播间并参与直播活动。例如阿里妈妈的超级直播是一款专为淘宝直播和店家设计的网络营销推广专用付费工具，旨在提高直播间的收看量，提升粉丝互动，从而推动转换。

下面，大家一起通过学习“直播预热四策略”为直播间进行有效引流。此活动主要训练的职业工种为“平台管理员”与“直播销售员”。

策略 1：直播文案预热

好的文案能起到画龙点睛的效果，戳中用户的痛点，勾起用户的好奇心。因此，可以从文案上吸引用户进入直播间。下面是一些常见的直播文案预热方式说明（见表 2－6）。

表 2－6

文案预热形式	具体内容
个人简介文案预热	完善主播的个人简介，包括昵称和简介。个人简介中也可以以文案的形式提醒用户主播的直播时间，如：每周三、周四、周五直播间定时宠粉！ 通过简介中的文案告诉用户主播开播时间，粉丝们才能定点进入直播间。
站内站外软文宣传预热	除了站内个人简介之外，还可以利用第三方平台，例如微博、微淘、微信、小红书、抖音等站外平台，为自己的直播间预热宣传。目前头部主播们普遍会利用微博进行直播预热宣传，告诉粉丝直播时间，同时也可以将亮点展现出来，吸引更多用户进入直播间。 比如某主播在微博发布的直播预热文案，文案重点：“某主持人加入直播间。”用主持人这个卖点吸引观众进入直播间。 值得注意的是，各大平台都比较忌讳跨平台导流，因此在跨平台预热时特别要注意不可出现非本站的平台名称，否则容易造成本条信息的限流，甚至账号的限流。

策略 2：短视频预热

开播前发布短视频预热是主播最基础的直播预热动作。可以多发几个预热短视频，在视频中告知观众和粉丝开播时间和内容，引导用户进入直播间。

发布预热短视频时，可采用如下几种形式，提升直播预热视频的吸引力，以吸引更多观众进入直播间（见表 2－7）。

表 2－7

视频预热形式	具体内容
纯直播预告	这类直播预告视频主要是为了让粉丝知道开播时间，直接真人出镜告诉粉丝开播时间和内容即可。如果主播想吸引未关注的粉丝，就需要留点悬念，勾起用户的好奇心，吸引其进入直播间。

续表

视频预热形式	具体内容
福利诱饵预告	对于陌生观众来说，如果直播预热视频中没有强大的诱惑力，他们是很难进入直播间的，所以，主播可以在视频中放福利诱饵。例如，直播间抽奖，奖品是某品牌包、手机、护肤品等。 有了这样的福利诱饵，直播预热视频就不需要太长，15 秒左右即可。
日常视频中植入预告	日常发布视频时植入直播预告，让用户在不知不觉中就记住了直播间。但是，想要让用户定点进入直播间，预告就一定要有吸引力，不管是留悬念还是给福利诱饵，怎么有吸引力就怎么做。建议在视频最后定格直播预告海报，直观地告诉用户开播时间和内容。
直播片段视频	这种方法类似于花絮，就像很多电视剧电影播放前会给出一些小花絮，让观众对成片感兴趣。剪辑直播片段发短视频也一样。如果上一场直播中有好玩的事情，就可以截取其中一段发布短视频，为下一场直播造势引流。

策略 3：付费预热

除了自然导流到直播间，还可以付费为直播间导流。以淘宝平台为例，阿里妈妈提供了“超级直播”帮助商家获取付费流量为直播间引流：主播/商家可通过直播间推广入口一键完成推广，操作简便上手无难度，大大降低直播推广的学习成本。一键推广后，阿里妈妈通过打通全域推广渠道（超级推荐、直通车、超级钻展、品牌广告及全新淘宝直播 Feeds 流资源位）、搭建全域实时智能调控引擎，在预算和成本约束下为商家或主播实现高时效性引流，满足直播峰值供给，同时通过智能算法降低直播综合投放成本，帮助商家更好地提高流量获取效率。“超级直播”一键推广示意图如图 2－4 所示。

图 2－4

策略 4：其他预热方式

其他预热方式如表 2－8 所示。

表 2－8

其他预热方式	具体内容
开启同城定位	开启同城定位能够吸引更多同城粉丝进入直播间。
定期直播	即使前期直播时观看人数不多，也尽量坚持每天直播或者每周直播 3～4 次，这样做的目的在于提升直播权重，获得平台对直播间的流量推荐。
设计有吸引力的封面和标题	有吸引力的直播封面和标题能够吸引更多人进入直播间。
分享直播二维码	开播时，将主播的直播间二维码通过微信、QQ、朋友圈等私域分享给粉丝和好友，并鼓励他们进行二次转发，为直播间吸引更多人气。

活动探究

根据直播计划，策划一场直播预热活动方案，并完成《活动探究活页手册》表 11。

活动二　制作直播活动海报

知识要点

一张张精美且有料的直播活动海报体现着主播的“用心”。在一场直播开始之前，直播预热海报也许决定了这场直播 70%左右的打开率！一般来说，与一场直播活动相关的海报图片包括“直播间封面图”“活动海报图”“直播浮漂图”等。

下面就不同类别直播活动海报图的制作要求进行说明（见表 2－9）。此活动主要训练的职业工种为“平台管理员”与“直播销售员”。

表 2－9

图片类别	制作要求	示例图
直播间封面图	目前淘宝和抖音都建议直播间封面图的尺寸为：750px×750px。 当消费者进入平台的直播广场，封面图是吸引消费者点击的重要因素。在做封面图的时候，官方会提示什么样的封面图会更容易获得更高的点击率，比如淘宝直播平台要求： 1. 封面图不掺杂文字（除平台要求的角标之外），不使用拼接图，不使用表情包等元素； 2. 淘宝直播的标题不能出现“测试”等字样，并且标题封面图与直播标签必须相符。	

续表

图片类别	制作要求	示例图
活动海报图	建议尺寸：750px × 1400px；建议分辨率 150dpi。 内容要求：按主题而定。 设计要点： 1. 活动页包含体现商品名称、属性、卖点的关键词； 2. 活动页主图设计主题突出，具有营销导向，具有视觉冲击力； 3. 活动页详情描述包含活动规则详细说明、活动策划周期和实效，采用图文混排，符合活动页设计逻辑。	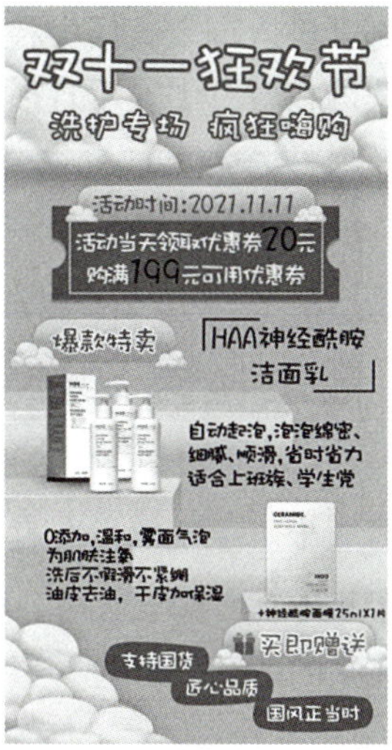
直播浮漂图	目前淘宝和抖音大部分直播浮漂的尺寸由商家根据需要自主确定。 直播浮漂的作用是帮助观众快速了解这个直播间的购买规则。 所以这类设计的主要内容可以呈现贯穿这场直播过程中的促销信息、操作指南、二维码等关键信息。 另外要注意的是，直播浮漂的安放位置也应尽量避开主播经常活动的部位。	

活动三 预热推广直播活动

知识要点

预热推广直播活动主要包括手机端直播预告发布和电脑端发布直播预告。虽然每个平台的发布流程都有部分区别，但是绝大部分的操作流程都是相似的，下面，请跟随我们的指引，以淘宝直播平台为例学习如何在淘宝上发布活动推广吧！

第 1 步　直播发布

首先需要明确自己是否有发起直播的权限。

打开进入淘宝直播中控台，登录淘宝账号（见图 2－5），看到如图 2－6 所示页面，如“我的权益”中显示直播板块，说明该账号已获得了淘宝直播的权限。

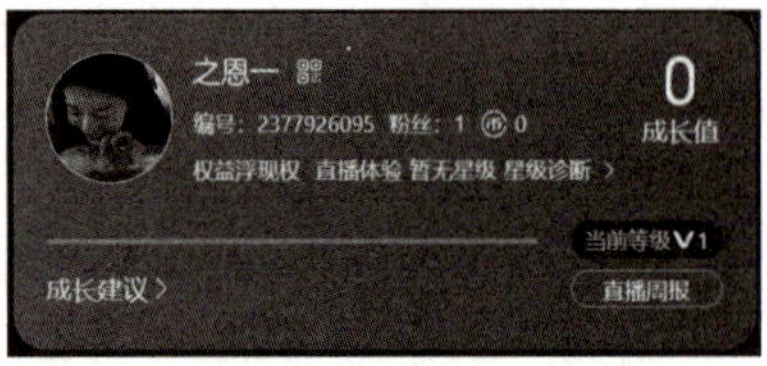

图 2－5

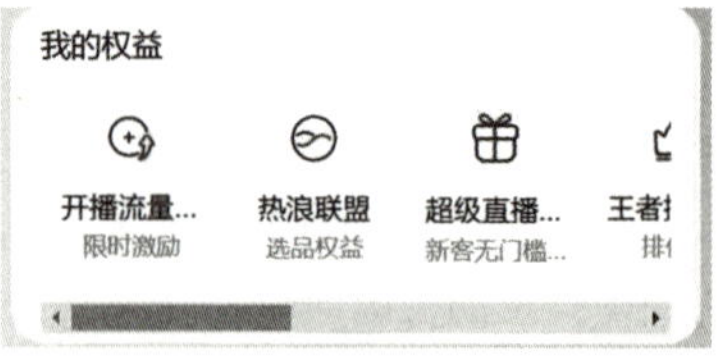

图 2－6

第 2 步　手机端发布直播预告

手机下载“淘宝直播”App，登录，点击“创建直播”或者“创建预告”（见图 2－7），填写完整的信息（见图 2－8、图 2－9），即可发布直播。

图 2－7

图 2－8

图 2－9

第 3 步　电脑端发布直播预告

进入淘宝直播中控台，进入“发布直播”界面，发布直播流程如下：

1. 选择直播类型：一般是选择竖屏直播间，选择好后进入“下一步”（见图 2－10）。

图 2－10

2. 填写必要信息（见图 2－11）：其中直播开始时间，如果不是选择“现在开始”，表示将作为直播预告发布。填写完所有信息后，点击“下一步”。

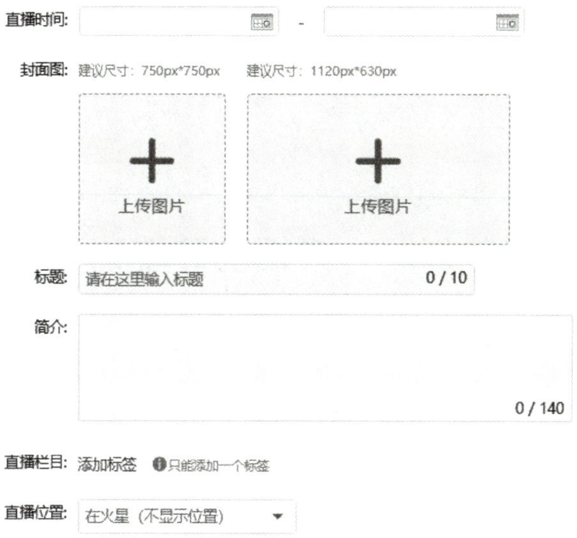

图 2－11

在“推荐宝贝”一栏，可添加 9 个店铺宝贝，需要参考的几个维度：销量、当季主推、评价、对应直播主题产品。

3. 添加预告视频、直播内容展示位（见图 2－12）：这里如果选择展示，需要按引导填写必要的信息，可以选择店铺商品，或店铺信息。展示结果会在预告详情页上。填写完毕，点击“下一步”。

图 2－12

4. 确认信息是否有误：确认无误后，点击确认提交信息，5 秒后会自动跳转到直播阶段的后台页面。

活动探究

请根据所选择的合作企业，为其制作一个直播预告与海报设计方案，并填入《活动探究活页手册》表 12 中。

任务二　开播前环境确认

任务说明书

<table>
<tr><th>任务名称</th><th colspan="2">开播前环境确认</th></tr>
<tr><td>任务情境</td><td colspan="2">直播间开播已经进入倒计时阶段，在直播正式开始前，直播现场和相关设施是否准备好了呢？除了主播以外，其他工作人员需要协助完成哪些工作呢？这里会给你详细解答，赶快学习吧！</td></tr>
<tr><td>任务目标</td><td colspan="2">● 根据直播计划，整理工作人员开播前工作清单；
● 了解直播软环境和硬环境的内容；
● 了解直播前如何检查直播设施设备是否完好齐全。</td></tr>
<tr><td rowspan="4">任务分析</td><td>问题</td><td>分析</td></tr>
<tr><td>开播前除了主播，还有哪些工作人员应协助完成准备工作？</td><td></td></tr>
<tr><td>直播前软环境需要确认哪些信息？</td><td></td></tr>
<tr><td>直播前硬环境需要确认哪些信息？</td><td></td></tr>
</table>

活动一　确认相关到岗人员职责

知识要点

直播开播前，工作人员通常需要提前 30 分钟以上到达直播间。如果是主播团队到商家场地直播，则需要提前 2 小时左右到达直播场地，以提前熟悉直播产品，检查直播场地，调试直播设备。

下面是一些具体的播前工作准备事项（见表 2 - 10）。

表 2 - 10

准备事项	具体岗位工作内容
1. 检查直播场地	到达直播场地后，运营和场控人员需要马上检查直播场地的隔音、网络情况。如果是到商家场地直播，需要检查网速、灯光等。
2. 化妆	主播、助播和助理都需要化妆。根据直播环境和直播商品的不同，对妆容的要求也略有差异。
3. 熟悉直播商品	产品经理要给直播团队所有工作人员，尤其是主播团队详细介绍当天直播商品的特性。如果是到商家场地为商家做专场直播，可以邀请商家代表为团队工作人员做讲解，并准备好详细的品牌宣传册、可拆解样品等资料。
4. 直播商品链接放入待上架目录	客服或美工需要熟悉商品对应链接，并熟悉一遍商品链接详情，便于在直播期间第一时间回答用户咨询。同时将商品链接逐个放入待上架目录，以便直播时配合主播节奏上链接。

活动探究

根据直播计划，完成工作人员开播前工作清单，并填入《活动探究活页手册》表 13 中。

活动二　确认直播软环境

知识要点

直播软环境主要指网络、直播平台、直播账号等要素。确认直播软环境，是保证直播顺利进行的必要条件。

下面是一些播前需要重点关注的直播软环境确认事项（见表 2 - 11）。

表 2 - 11

确认事项	具体工作内容
1. 网络	直播间的网络带宽要求是上行速率不低于 20Mbps。为了确保直播稳定进行，通常需要为直播设备配置专用网络。此时，建议其他上网设备一律使用其他宽带或手机移动网络上网。由于直播中断对直播间权重影响较大，因此在直播时需要准备一根备用网络线。 当前 5G 网络已经基本覆盖县一级城区和主要镇区，如果主播采用手机直播，也可直接选用 5G 移动网络直播。 测试网速的方法：浏览器打开测速网，点击测速即可测算出实时上传和下载速度。

续表

确认事项	具体工作内容
2. 直播平台	如果选用淘宝、抖音等大型直播平台，一般较为稳定。如果是自建直播平台，需要在直播前测试服务器是否稳定，带宽是否有冗余，直播软件是否可用。
3. 直播账号	直播开始前，主播需要用直播账号登录直播平台，测试账号是否正常，同时测试直播画面。

活动三　确认直播硬环境

知识要点

直播硬环境，主要指直播场地、直播设备、直播间灯光、直播商品摆放、提示板等看得见、摸得着的设施设备。

为了呈现一场高质量的直播，需要将直播设施设备充分运用好（见表 2-12）。

表 2-12

直播硬环境	内容
直播场地	尽量使直播场地相对隔离，避免人来人往，尤其是杜绝非直播工作人员进入直播镜头。 查看直播场地附近是否有吵闹的设备在运转，如果有，尽量在直播期间协调将其暂停运作。 确认直播画面中没有不适宜直播的符号、宣传画、二维码等。
直播设备	调整直播镜头角度，确保直播设备正常使用，如果是采用多机位镜头直播，要逐一调试各机位设备，并与主播共同调试走位范围和定格位置。
直播间灯光	调整直播灯光角度、亮度和色度，与直播环境相匹配，同时与直播商品相吻合。
直播商品摆放	直播商品的摆放与直播进度、商品直播顺序密切相关。直播讲解后，这个商品放回何处，也要进行合理的规划。
提示板	主播在直播时容易忘记商品的价格，或者商品核心卖点，助理、场控等工作人员需要通过提示板在镜头后方及时提示主播。

任务三 直播活动实施

任务说明书

任务名称	直播活动实施	
任务情境	为了提升直播效果，并引导更多人下单购买，在直播实施过程中的一系列操作尤为重要。例如，如何开场吸引观众留在直播间、如何与粉丝互动、如何引导下单以及增强直播中粉丝黏度、信任度和关注度。	
任务目标	● 学会设计一个有吸引力的直播开场白； ● 了解与粉丝热场活动的方式； ● 掌握商品讲解技巧，学会引导用户下单。	
任务分析	问题	分析
	如何设计一个有吸引力的直播开场白？	
	知名主播往往通过哪些方式与粉丝进行互动？	
	为了更好地引导消费者下单，在讲解单一商品时，我们要遵循哪五大步骤？	
	下播前需要预告哪些内容？	

活动一 正式开播

知识要点

许多新手主播在直播开场时，经常就是一句话草草结束开场白，然后马上进入商品讲解环节，对于直播开场白应该如何设计根本摸不清方向，如何设计直播开场白才有吸引力呢？

在设计直播开场白时，应追求简短明了，热情友好地打招呼并介绍自己或团队，迅速突出直播主题，通过制造悬念、介绍亮点或优惠来激发观众兴趣，鼓励互动并展示专业与热情。一个有效的开场白能迅速吸引观众注意，为后续直播内容奠定良好基础。下面，我们通过学习“直播开场五步法”来带动直播间气氛吧！

此活动主要训练的职业工种为“直播销售员”，直播开场五步法具体操作如下：

第 1 步　直播欢迎话术

直播欢迎话术是每一场直播都不能缺少的环节。主播不能因为直播刚开场没多少人看，就敷衍了事。在直播开场时，大家首先需要对来看自己直播的用户表达感谢，在设计直播开场欢迎话术时，首先从称呼上要拉近与用户的距离，尽量要多夸奖人，比如帅哥、美女、小仙女等，话术范例见表 2－13。

表 2－13

直播欢迎话术范例	“哈喽，大家好呀，欢迎大家来我的直播间，喜欢主播的可以先点个关注哦。”
	“欢迎小伙伴们来到我的直播间，主播是直播新人，有什么做得不好的地方，请多多包涵哦。”
	“欢迎帅哥、美女们来到我的直播间，今天直播间会推出很多福利，大家不要走开哦。”

对于主播来说，夸人一两句，几个称呼就能办到。但是从用户的角度来看，听到夸奖一定程度上是会产生好的情绪反应的。好的情绪有利于引导继续看直播。

第 2 步　直播主题介绍

有些主播一上来，开场白还没说两句就着急地进入主题，这会导致没有了解过主播直播或者没有看过直播预告的用户看得云里雾里。所以，在欢迎大家之后，主播需要简要介绍一下本次直播的主题，让更多用户了解主播的直播内容，从而吸引更多人继续看直播。

第 3 步　直播情景创设

由于看直播的用户所处环境不同，沉浸感会有所影响。那么，为了给用户带来更好的体验感，需要通过话术将不同环境的用户带入自己设定的直播情景中。

如何来创设直播情景呢？主播需要换位思考，结合直播主题，将大众普遍关注的要点、痛点生动地描述出来。

例如，直播主题是女孩护肤，针对这个主题，有很多用户关心的话题，如“经常看攻略买护肤品，钱花了一大堆，皮肤却越来越差”，这里“钱”和“皮肤”就是两个痛点，钱花了皮肤反倒越来越差，该怎么解决呢？下面就能很自然展开话题了。

第 4 步　直播亮点埋伏

观看直播的观众分两种，一种是带着强烈的需求来看的，另一种是为了打发时间随意观看的。

面对这两大群体，如何才能最大程度地吸引更多人留在直播间呢？最简单的方法就是在直播开场白中埋下一些亮点。通过留一半藏一半的方法，告诉用户“我的直播间是‘有内容’的”，而且越到后面，越有惊喜，越有福利。

第 5 步　福利抽奖活动

直播开场后，主播通过随机福利抽奖活动，吸引在线用户参与互动，通过刷屏、答题等方式，从参与直播互动的粉丝中抽取获奖用户，刺激用户在直播间停留。

总的来说，大家在设计直播开场白时，首先要足够有亲和力，然后通过痛点等信息引入直播主题，最后以直播内容设计的亮点来留住更多的人。

活动探究

请尝试为我们的合作企业设计一个直播开场白，并填入《活动探究活页手册》表14中。

活动二 热场互动与粉丝导流

知识要点

直播间是主播和观众沟通互动最重要的桥梁，主播除了要善于调动直播间气氛，处变不惊，还要尽可能地增加与粉丝间的交流，提高每个人的参与感。下面，请跟随我们的指引，通过学习“直播互动六策略”增强我们直播间的互动力吧！

此活动主要训练的职业工种为“直播销售员”，直播互动六策略具体内容如下：

策略1 使用丰富的肢体语言

很多新手主播在直播间容易表情、动作僵硬，这也是许多新手主播人气不够的重要原因之一。

新手主播要使用更多丰富的表情和动作，例如适当地展示出剪刀手的卖萌，手比爱心的温馨等。介绍产品中间也可以唱歌，增加一些灵动的小手势和表情，这会让买家觉得主播很投入，有个人魅力。这些细节让粉丝们受到了感官刺激，不仅感受到主播的积极与热情，更容易对主播产生好感，从而更有意愿购买主播推荐的产品。

策略2 融入个人感受，把握话题的进度

在直播间，主播可以谈一些自己生活上的趣事，拉近与粉丝的心理距离。例如，最近去哪里逛街和旅游了，最近又看上了哪款产品特别想买等。

买家进入直播间看直播主要是来看主播展示产品、分享产品使用感受或上身效果的，但是不少主播会忽略自己的感受，因此，在介绍产品的时候尽量多谈自己的亲身感受，这是提供转化的有效方法，同时，尽量用专业的术语说出来，更有说服力。

策略3 “自说自话”是新主播必须具备的强大技能

初做主播时直播间里的观众很少，也没有忠实粉丝，要学会把控直播间氛围，可以“自说自话”（见表2-14）。

表 2－14

“自说自话”的内容	热情地介绍每一件产品，热情地向进入直播间的每个人打招呼，学会看名字识人。
	评论今天看到了什么，做了什么。
	分享社会上的新闻，但切忌谈论政治性事件。
	配上好听的背景音乐。
	同时要紧盯着手机屏幕上的买家发言，热情及时的回复能给直播间所有人留下很好的印象。

策略 4　准确了解买家痛点

如果一个主播漂亮又会穿搭，但不善于介绍产品，那么建议从主播的长处入手，展示穿搭，然后慢慢摸索出买家的需求点，有针对性去讲解。

例如，胖的人怕穿了显胖，主播可以展示显瘦款式的衣服穿搭，使胖的人也可以穿得很好看；个子矮的人怕穿了显矮，主播就选露脚踝的裤子，短款上衣＋高腰的裤子搭配，穿出效果给买家看，买家自然就信服主播的推荐。

策略 5　巧用买家对猎奇心态的追求

人都是有求知欲的，尤其是对于一些八卦、新鲜产品会有很浓厚的好奇心。

例如，福袋、每期新奇品等话题策划，都会带来很多的好奇粉丝，就像抖音平台中很多视频主会把结局放在第二个视频，然后第二个又引入另一个故事，从而吸引一批又一批的粉丝们。

策略 6　用好用活粉丝群

用户关注主播后，即成为主播粉丝。平台在主播每次开播时，都会主动把直播间推送给粉丝。对于绝大多数直播平台来说，粉丝数多即意味着直播间的高流量。而为了进一步提高粉丝的黏性，许多主播都会将粉丝引导进自己的粉丝群，然后在粉丝群内开展一系列非直播时间互动活动。

如果说直播间平台推送流量为公域流量，粉丝群就是私域流量。通常主播都会在直播前到粉丝群发布预告，告知当天直播主题和主要直播商品，并给予粉丝群用户更多的优惠。

粉丝数增加后，还可以对粉丝群进行分层管理，根据粉丝购买力、兴趣爱好、购买体量等要素细分群体、精准管理。

总之，主播在日常的直播中，要做好话题的自然引导，引起粉丝的好奇和兴趣，让主播的直播间变成用户的期待，从而耐心地等着主播开播。

活动探究 1

观看各直播平台头部主播的直播，记录他们与粉丝互动的方式，填入《活动探究活页手册》表 15 中。

活动探究 2

尝试进入某位主播的粉丝群，并记录粉丝群内主播与粉丝的互动方式，填入《活动探究活页手册》表 16 中。

活动三 讲解商品与引导消费

知识要点

讲解商品与引导消费主要是对项目一所训练过的多个任务活动的综合应用，其中重点涵盖了“直播产品组合设计”与“直播脚本设计”两大任务的知识点。

为了更好地执行商品讲解与引导消费活动，建议采用以下流程指引提高商品讲解综合能力（见表 2-15）。此活动主要训练的职业工种为“直播销售员”与“选品员”。

表 2-15

流程模块	具体事项
直播产品组合设计	从商家商品库中挑选出合理的产品组合，产品结构应至少涵盖引流款、利润款与热门款三个类别，且直播商品总数量不应少于六款，满足不同客户购物需求。
	通过 12 个不同角度挖掘出各直播产品卖点，并形成初步的直播产品卖点表。
	设定好各直播产品价格，确保引流款价低且能有效引流；利润款有充足利润空间；热门款有价格吸引力且保有利润。
直播脚本设计	通过“单品讲解五步法”形成每一个直播商品的单品直播脚本，特别要针对每一个商品的“促单销售”话术进行详细设计。
	通过“整场直播脚本八步设计法”设计好整场直播流程。
播前加强训练	针对每一个直播商品的单品直播脚本开展播前训练，确保可以在不需要依赖脚本的情况下自然讲解。
	针对整场直播流程的核心环节开展播前训练（特别是商品转换、福利发布、促单销售环节），确保可以在不需要依赖脚本的情况下自然讲解。

活动探究

请扫描下方二维码，观看一段“商品讲解与引导消费演示视频”。结合你的观察，把主播关于商品讲解的五步法细节内容填入《活动探究活页手册》表 17 中。

扫一扫

商品讲解与引导消费演示视频

活动四　发布直播间福利

知识要点

直播间的福利活动，能大幅度提高粉丝停留时间，同时吸引粉丝主动“呼朋唤友”进入直播间，共享福利。在项目一训练过的任务活动中，我们强调过在“设计整场直播脚本”活动中“确定直播间玩法”的重要性。直播间玩法既可以用于活跃直播间气氛，增强主播与粉丝的互动，也可以直接通过直播间福利让利粉丝，让粉丝得到真真正正的实惠。

此活动主要训练的职业工种为“直播销售员”与“平台管理员”，具体的直播间福利活动见表 2－16。

表 2－16

福利活动	内容
抽奖	需要设置一个条件，例如，点赞达到某个数值，或呼吁粉丝刷评论，再倒数 10 秒，截屏，截到的第一个粉丝可以获得某个奖品等。 由于抽奖往往是免费赠送礼品，通常会要求中奖的粉丝自己付运费，引导中奖粉丝拍下邮费链接，这样可以为店铺增加一笔订单，同时也能提高直播间和店铺的权重。
秒杀	指在特定的时间内，以超级优惠的价格，所有买家同一时间抢购的销售方式。 所有互动方式中，秒杀由于价格诱惑力大，转化率是最高的。但是由于成本问题不能经常用。
红包雨	设置一个红包雨，预设时间，到时间即可参与抢红包，这样既能活跃直播间的气氛，也能延长粉丝的观看时长。
优惠券	优惠券可以分为全店通用、单品使用、满减等几种形式，是直播间常见的福利形式。 有些平台还可以将优惠券设置为仅限“关注直播间”的粉丝可用。因此，优惠券对于涨粉和增加用户观看时间都很有帮助。

福利结束后需要根据奖品发放流程（见图 2－13）发放福利。

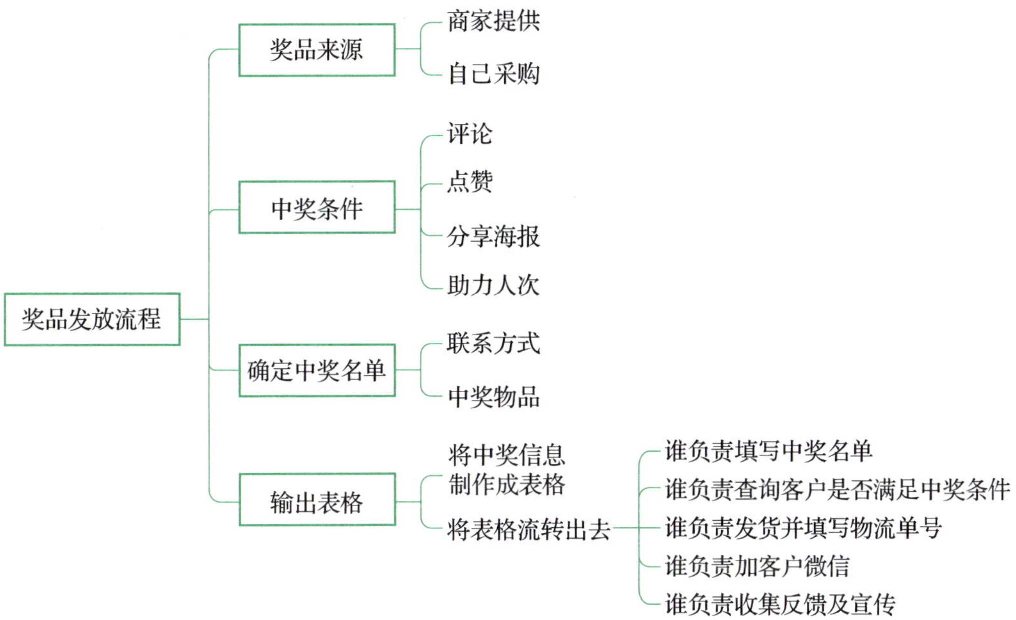

图 2－13

活动探究

请扫描下方二维码，观看一段“直播间福利发布演示视频”。结合你的观察，把主播福利发布的过程细节内容填入《活动探究活页手册》表 18 中。

扫一扫

直播间福利发布演示视频

活动五　记录直播过程

知识要点

花絮短视频：是在直播过程中（或直播后的黄金时间段）发送的视频，其主要目的是为直播导流，或延续直播热度。

在直播过程中做好过程记录并同步发布直播间的花絮短视频来导流，看似简单粗暴，却能带来非常精准的引流效果。一般情况下，花絮短视频能吸引观众的注意力，能快速提升直播的热度，因此很多大型的直播都会记录直播过程，以便制作花絮短视频。

在直播中常用的引流视频包括：预热类视频、花絮类视频和日常视频，三者目的相同，但视频内容的侧重点有所差异（见表2-17）。此活动主要训练的职业工种为“视频创推员”与“平台管理员”。

表2-17

视频类别	侧重点
预热类视频	主要突出的是“不要忘记来看我的直播”，一般于直播前发布
花絮类视频	主要突出“商品亮点、直播间有售，还原直播间场景”，一般于直播中与直播后发布
日常视频	主要展示“产品使用场景，强调产品格调”，日常保持频率发布

下面重点介绍花絮短视频的常见形式与发布技巧，此活动主要训练的职业工种为“视频创推员”。

第1步　学习花絮短视频的常见形式

从视频内容侧重点上看，花絮短视频的常见形式主要有以下三种：展示直播中的商品亮点，强调商品适合人群，突出商品使用场景。一般花絮短视频时长都比较短，在短视频剪辑时突出以上一点即可，以下提供一些具体案例供大家参考（见表2-18）。

表2-18

视频特点	具体形式
助理视角拼接镜头	视频特点：直播中的背景+助理视角拍摄。 视频时长：10～15秒。 模式化脚本：近景展示细节+远景展示全身；比如衣服展示，不仅有全身展示，还有细节分享，如有没有包边等。而且在花絮短视频里还同时呈现了不同颜色的效果，也有一个很好的对比，能吸引潜在客户。 视频剪辑：固定机位拍摄，对拍摄画面适当进行拼接剪辑即可。花絮视频剪辑时进行拼接，可以使其更流畅，毕竟直播的时候主播难免有磕绊或不流畅的时候。另外，如果声音效果不是很好的话，建议加上字幕，可以降低对声音的要求。
直播切片形式（录屏）	视频特点：相当于直播的录屏，可以在主播中心的直播回放查看；主要呈现的是直播过程中的高光时刻，比如某个时段直播人气暴涨。 视频时长：10～15秒。 模式化脚本：直播过程中对商品卖点的介绍。 视频剪辑：对视频素材进行拼接剪辑，同样的加上字幕为佳。

第2步　了解花絮短视频的发布技巧

综上所述，花絮短视频有着自身的发布规律，且呈现出两个特点（见表2-19）。

表 2-19

规律特点	具体要求
时效性	应选择在本场直播过程中或播后黄金 72 小时内发布直播间花絮短视频，以达到最佳营销效果。
关联性	与直播间的关联性，花絮中的商品一定是直播间正在售卖的。如果不是当场直播售卖的产品，那引流来的用户精准度会大打折扣且容易被大家一划而过，反而影响了直播间的权重。

所以想要将花絮短视频的引流作用最大化，需要遵从它的发布规律，灵活掌握发布频率，控制发布内容的比例，具体见表 2-20。

表 2-20

发布建议	具体要求
灵活掌握发布频率	很多直播间都是按照一日多更的发布频率。但事实上并不是发的频率越高越好，而要看直播间所处的阶段。 ● 如果直播间处于冷启动期，建议少量发送，1～2 个小时发布一条；其他还是以日常短视频稳定更新为主。 ● 如果直播间处于上升期，比如直播间人数从个位数上升到十位数，建议可以适当加快发布频率，由原来的 1.5 小时发布一次改为 1 小时。 ● 如果直播间处于稳定期，每场直播都有稳定人员在线，几百到上千人不等，或者能够有稳定的出单，那么就可以提高发布频率。比如调整为 30 分钟，甚至 20 分钟发布一次。
控制发布内容的比例	除了发布频率，发布内容也需要进行规划。以 10 条花絮短视频为例，可以安排 70%的爆款商品视频，30%的新品视频。因为爆款视频的商品更好转化，新品则主要给有观看直播习惯的老粉看。 花絮短视频看似简单粗暴，但效果却很显著。对于花絮短视频来说，我们要的不是视频播放量，而是把用户引导直播间，最终实现转化。

第 3 步　掌握直播切片与直播回放操作

目前，各大直播平台都开放了“直播切片”与“直播回放”功能，方便直播团队获取直播间视频素材来制作花絮短视频。所谓“直播切片”就是将直播过程中一些精彩的视频切下来，形成新的片段。比如主播在讲解一款宝贝，在这个过程中按下“开始”和“结束”按键，就可以自动生成一段新的短视频。这段短视频不仅能够保存下来，还可以发布到各个宣传的渠道上；而“直播回放”则用于自动记录直播全程，待直播结束后可通过回放功能查看直播。

下面，以淘宝直播平台为例，介绍录制直播切片的步骤（见表 2-21）。

表 2-21

序号	流程步骤	具体操作
1	录制	在淘宝直播间右下角，有一个“宝贝讲解”的按钮，找到后点击
2	选择	在列表中，找到我们需要讲解的宝贝
3	讲解	选择要讲解的宝贝后，主播界面会出现“正在讲解中”的提示
4	保存	讲解完后点击“结束讲解”，这段内容便被保存下来
5	回看	在左下角宝贝中，录制过切片的宝贝会有标记“宝贝讲解”

下面，以淘宝直播平台为例，介绍观看淘宝直播回放的具体步骤：

1. 打开手机淘宝，点击首页的“淘宝直播”（见图 2-14）。

2. 搜索主播名称，并进入主播主页（见图 2-15）。

3. 点击“回放”就可以看到回放视频，也可以点击更多的直播回放视频（见图 2-16）。

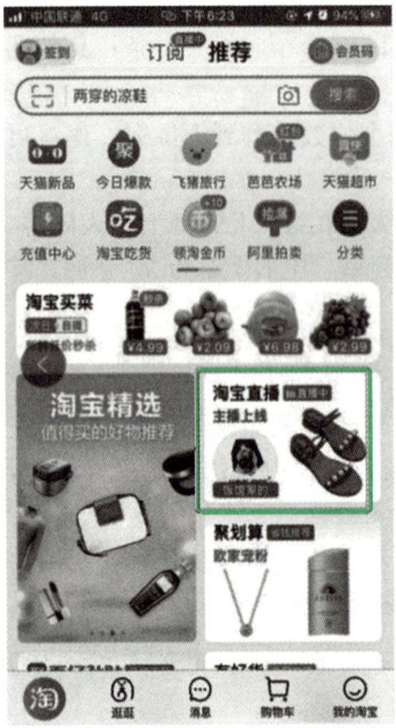

图 2-14

图 2-15

图 2-16

活动探究

我们已经学习了如何在淘宝直播平台上查看直播回放，请根据所选择的合作企业，为其制作一个花絮短视频设计方案，并填入《活动探究活页手册》表 19 中。

活动六　下播前活动

知识要点

一般情况下，下播前要发布下场活动预告，另外与粉丝进行一些互动，如发红包活跃气氛、和粉丝谈“真心话”、粉丝群互动等。

此活动主要训练的职业工种为“直播销售员”。下播前活动具体见表 2－22。

表 2－22

下播前活动	内容
预告下场活动	为下一场的直播做铺垫，告知粉丝关注下场直播开播时间，吸引粉丝在下场直播时继续进入直播间参加活动，提高粉丝黏性。
发红包活跃气氛	准备下播的时候，主播和粉丝都处于一个疲倦或慵懒状态，这个时候主播可以发一个红包，带动直播间氛围。发红包的时候直播间的人数往往是最高的，很多新粉丝是为了领红包而停留在直播间，在抢红包之前一般不会离开直播间。这时，主播要将下场直播的主题、直播的时间和福利向粉丝表达清楚，然后再发红包。等红包抢完，本场直播即结束。
和粉丝谈“真心话”	下播时还留在直播间的粉丝通常对主播的信任度较高，这时直播商品已经讲解完，主播可以坐下来和粉丝“唠唠嗑”、谈谈“真心话”。愿意和主播在这时互动的用户一般会成为主播的高质量粉丝。
粉丝群互动	下播的时候再次引导用户进入粉丝群，并在粉丝群与粉丝开展深度的非直播时间互动。

活动探究

请在淘宝直播首页选择一知名化妆品牌直播间，记录该直播间的主播即将下播时开展了哪些活动，并与小组成员讨论该主播可以增加哪些下播前活动。完成《活动探究活页手册》表 20。

项目检测

一、单选题

1. 花絮短视频应选择在本场直播过程中或播后黄金（　　）内发布直播间花絮短视频，以达到最佳营销效果。

A. 48 小时　　B. 72 小时　　C. 24 小时　　D. 96 小时

2. 负责策划直播活动，撰写直播脚本的是（　　）。

A. 场控　　B. 助理　　C. 编导　　D. 运营

3. 主播想吸引未关注的粉丝，就需要留点悬念，勾起用户的好奇心，以进入直播间的形式是（　　）。

A. 直播片段视频　　B. 福利诱饵预告

C. 纯直播预告　　D. 日常视频中植入预告

4. 直播开播前，工作人员通常需要提前 30 分钟以上到达直播间。如果是主播团队到商家场地直播，则需要提前（　　）左右到达直播场地，以提前熟悉直播产品，检查直播场地，调试直播设备。

A. 2 小时　　B. 30 分钟　　C. 1 小时　　D. 1 小时 30 分钟

5. 如果直播间处于稳定期，每场直播都有稳定人员在线，几百到上千人不等，或者能够有稳定的出单，我们需要（　　）。

A. 少量发布视频，1～2 小时发布一次

B. 加快发布频率，1 小时发布一次

C. 很少发布商品，一天发布一次

D. 提高发布频率，30 分钟发布一次

二、多选题

1. 下列属于直播实施流程的是（　　）。

A. 开播前预热活动　　B. 直播后总结问题

C. 开播前环境确定　　D. 直播活动实施

2. 直播团队按照直播组织不同，一般可分为（　　）。

A. 供应链基地直播团队　　B. MCN 机构直播团队

C. 商家直播团队　　D. 个人直播团队

3. 开始直播要注意（　　）。

A. 手机开飞行模式或者勿扰，避免来电打扰影响直播效果

B. 保持 Wi-Fi 畅通

C. 保证手机电量充足+备用手机双保险

D. 封面图出现牛皮癣类广告

4. 直播间是主播和观众沟通互动最重要的桥梁，属于“直播互动六策略”的是（　　）。

A. 融入个人感受，把握话题的进度　　B. 准确了解买家痛点

C. 与观众谈论政治性事件　　D. 使用丰富的肢体语言

5. 与一场直播活动相关的海报图片包括（　　）。

A. 活动预热图　　B. 活动海报图

C. 直播浮漂图　　D. 直播间封面图

三、判断题

1. 好的文案能起到画龙点睛的效果，戳中用户的痛点，勾起用户的好奇心。（　　）

2. 所有互动方式中，红包雨由于价格诱惑力大，转化率是最高的。但是由于成本问

题不能经常用。（　　）

3. 直播带货流程按照商品讲解过款的方式，一般可分为顺序过款式和循环过款式两种。（　　）

4. 按照直播规模的差异，往往会一人同时承担多个岗位职责，如客服和美工是同一人，运营和招商为同一人。（　　）

5. 前期直播时观看人数不多，也尽量坚持每天直播或者每周直播 1～2 次。（　　）

四、案例分析

无诚信，不直播

辛某曾是快手平台的一名当红主播，粉丝数高达六七千万。但在 2020 年下半年，一起“假燕窝事件”，直接让辛某跌下了神坛。辛某作为被粉丝信赖的带货主播，竟然公开销售假冒伪劣产品，为此，辛某在快手平台的账号曾遭到了为期 3 个月的封禁，并且被处以 90 万元的行政罚款。

而在 2021 年 3 月底，封禁期结束之后，辛某再次高调地回归到了人们的视野中，其带货能力仍然是首屈一指。然而，辛某回归的直播带货，也受到了无数消费者的争议。消费者反映辛某在直播中承诺要送福利给广大不离不弃的粉丝，然而到手之后才发现，礼物与宣传中的内容严重不符。例如，辛某送出的手机基本上都是市面上被淘汰了的百元机，根本没有什么诚意。

解禁 5 个月后，辛某的账号又被封了。这次辛某遭到封禁，主要是因为他多次“吐槽”平台，声称自己的投入力度和流量回报不成正比，怀疑被平台限流了，并多次爆出粗口。

有网友评价，作为平台旗下的一名主播，他理应遵守相关规定，直播流量不好，也应该先找自身的问题，而不是甩锅给平台，更不能“出口成脏”。

问题：

1. 你认为网友的评价是否正确？主播账号多次被封的原因是什么？

2. 根据案例，说出我们在直播过程中需要注意哪些规范。

项目三

直播后工作安排

学习目标

知识目标

- 熟悉直播后置活动工作安排；
- 了解直播后复盘相关数据指标；
- 掌握如何通过短视频形式放大播后宣传效果；
- 认识售后服务跟踪的重要性。

技能目标

- 能够熟练地导出直播间销售数据；
- 能够根据导出的直播间销售数据进行播后复盘分析；
- 能够熟练制作直播间花絮短视频并进行播后宣传。

素养目标

- 树立诚实守信的工作意识；
- 养成精益求精、追求卓越的工作态度；
- 锻炼分析总结和勇于创新的能力。

思维导图

- 项目三 直播后工作安排
  - 知识储备
    - 一、直播后工作事项
    - 二、直播复盘基本知识
  - 任务一 直播后复盘
    - 活动一 导出直播相关数据
    - 活动二 分析与总结数据
    - 活动三 活动优化与提升计划
  - 任务二 直播后宣传
    - 活动一 精剪直播间精彩视频
    - 活动二 发布宣传短视频
  - 任务三 售后服务跟踪
    - 活动一 确保发货时效
    - 活动二 跟踪顾客反馈

情境导入

感谢各位同学的辛勤付出，经过一段时间的技能强化训练与直播带货实战，大家都已经顺利地通过了三家企业的考核，完成了预设的直播前活动策划与直播过程实施两大项目，目前三家企业都取得了良好的销售效果。而随着直播带货活动的逐步收尾，三家企业都希望我们能够更好地帮助它们开展直播后的复盘，总结直播过程中的得失与存在的问题，对下一个阶段直播活动提出更好的建议。

通过以上情境导入，请大家思考并分小组讨论，完成表 3-1。

表 3-1

问题	讨论结果
1. 在直播前活动策划与直播过程实施两大项目中，我们团队存在的主要问题有哪些呢？	
2. 如何优化直播流程，获得更好的直播带货效果？	
3. 如何利用直播后 72 小时的黄金余热期，持续扩大直播宣传效果？	

知识储备

一、直播后工作事项

直播完毕后，我们需要尽快完成发货，确保客户满意度。同时可以将直播间花絮做成宣传视频进行网络二次推广，而最重要的就是进行数据复盘了。

一般的直播后工作事项包含以下方面：

（一）按时发货及售后处理

如果没有按时发货，既影响客户购物的体验，也有可能会收到平台处罚。详细处罚标准可以参考平台的规定。

（二）二次宣传推广

可将直播的业绩数据、精彩花絮等做成短视频，发到抖音、微信朋友圈、社群等社交圈进行二次宣传推广。

（三）数据复盘

下播后复盘数据，并根据数据不断优化直播内容。主要复盘的数据包括：直播收看人数、人次是否达标，转化率是否达到预期，产品结构是否合理，主播话术是否熟练，促销策略是否成功，场控配合是否到位等。

二、直播复盘基本知识

对于主播和运营来说，复盘是非常重要，但又最容易被忽视的环节。养成好的复盘习惯，不仅可以提高直播销量额，还能查缺补漏，提前发现未暴露出来的问题，从而进行活动优化，做出更好的直播效果。

那么，我们需要对哪些数据进行复盘呢？

（一）直播销售额

销售额是最能体现直播带货能力的数据指标，但是需要综合分析一段时间内的数据走向（见图 3－1），比如每天、每周、每月，更能真实地反映主播的直播带货能力。另外，可以根据直播间里面每个商品的销售数量，评估哪个商品的销售效果更为突出，及时调整直播间营销策略。

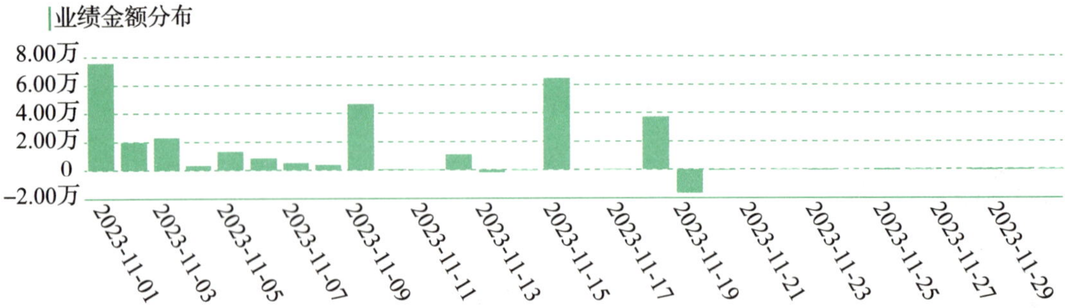

图 3－1

（二）直播观看人数

每场直播的总观看人数，是一个很重要的数据。

如果可以统计所有渠道的流量，并进行区分，即可了解哪个渠道的引流效果最好，从而在下次直播时加大宣传力度。

（三）直播间观众停留时长

相比让观众进入直播间，让观众留在直播间要更难。

如果直播间的效果不好，或者主播的控场能力不够，观众就会选择去其他的直播间。直播间的观众留存数据差，就会影响直播平台分配给你的公域流量。

而观众停留的时间越久，说明你的直播间的产品越有吸引力，主播对观众的影响越大。直播间的人气越高，按照抖音的推算机制，系统就会将你的直播间推荐给更多的观众。

所以，不管你使用的是什么直播平台，留住直播间的观众，提高观众留存时间对于直播间上热门是有很大影响的。直播间的相关统计数据见图 3－2。

图 3－2

（四）新增粉丝数

一场直播下来，新增粉丝数（见图 3－3）的高低，也是衡量你的直播间能不能吸引粉丝的目光的一个重要依据。

图 3－3

（五）直播间音浪收入（以抖音为例）

音浪是抖音平台使用的一种虚拟币，是在直播过程中，通过粉丝打赏来获取，以音浪的方式来呈现的。音浪的收入越高，人气越高，主播收入也越高。

很多主播会联动其他主播给自己的直播间打赏，目的就是提高直播间的人气，并带动用户打赏的氛围。

（六）直播间用户画像数据

直播间的带货效果，往往取决于进入直播间的人群是否精准。如果你的产品只是根据自己的喜好，而不是根据用户画像而选定，直播效果就会大打折扣。

因此，直播间的用户画像包括年龄、性别、兴趣、来源等，掌握了这几个数据，无论是选品还是直播间的优化，都能找到切入点。图 3－4 为某直播间用户的区域分布图。

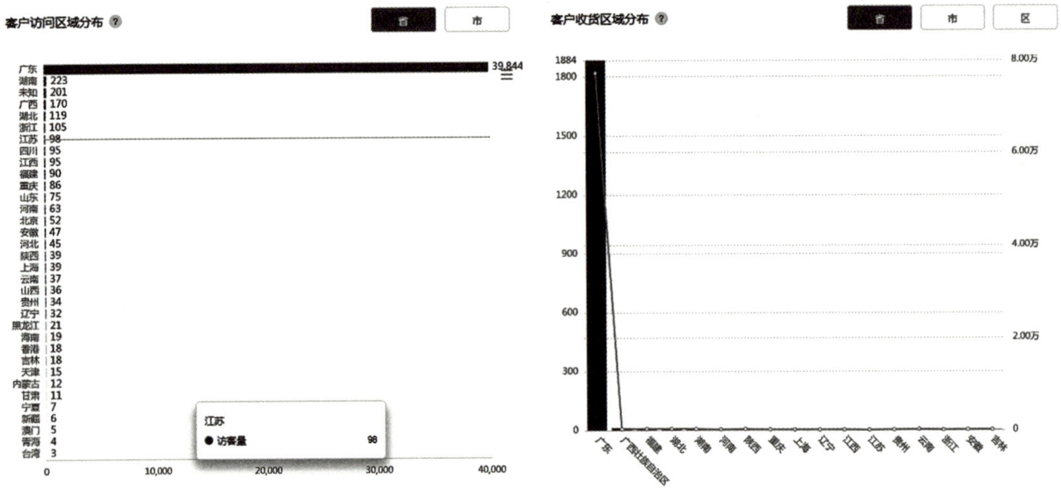

图 3－4

除了以上六点，还有订单数、销售转化率等指标也需要关注。

党的二十大报告指出："建设现代化产业体系。坚持把发展经济的着力点放在实体经济上，推进新型工业化，加快建设制造强国、质量强国、航天强国、交通强国、网络强国、数字中国。"在信息化时代，数据是一个非常重要的资产，形成自己的直播间数据库，是一个非常有意义的工作。而一个优秀的主播运营团队，更应学会利用数据去优化直播间流程、活动、选品、话术、服务质量等。

任务一　直播后复盘

任务说明书

任务名称	直播后复盘
任务情境	直播间下播并不代表着直播运营工作的结束，下面我们需要导出直播间的数据进行汇总分析，即复盘。注意，养成良好的复盘习惯，不仅可以提高直播销量额，还能查漏补缺，提前发现一些未暴露出来的问题，从而进行流程优化，做出更好的直播效果。
任务目标	● 完成直播间数据与订单数据的导出； ● 完成复盘相关的数据分析与总结； ● 提出直播运营的活动优化建议，提升直播的质量与效果。 此任务相关过程操作皆以"广东省职业院校学生专业技能大赛互联网营销直播技能赛项竞赛平台（微盟直播平台）"演示为例。

续表

任务名称	直播后复盘	
任务分析	问题	分析
	我们应该关注哪些直播间数据？	
	我们应该关注哪些订单数据？	
	我们应该关注哪些客流数据？	
	如何更好地总结直播运营活动的得失，提升直播活动的效果？	

活动一 导出直播相关数据

知识要点

开展数据分析首先要有足够多的有效数据，主播可以通过账号后台、平台提供的数据分析工具，以及第三方数据分析工具来获取数据。

一般情况下，直播平台都会内置“直播间”与“订单”的数据导出功能，方便直播运营人员对数据进行汇总分析。作为直播复盘的第一步，首先我们需要学会如何导出后台数据，再考虑下一步的数据分析。

下面，我们将会以某款具有代表性的企业直播平台为例（微盟直播平台），演示如何完成后台数据的导出，其他直播平台数据导出方式可自行探索。此活动主要训练的职业工种为“平台管理员”。

第 1 步 直播间数据导出

1. 登录微盟平台，点击左侧功能导航栏中的“营销”功能按钮，在“营销”功能区中点击“直播”功能。在“直播间列表”中找到“更多”按钮并把鼠标移动到此按钮上面，即可看到“数据导出”功能。点击“数据导出”功能即会弹出“直播时间”选择界面（见图 3－5）。

图 3－5

2. 在直播时间选择框中选择想要查询的时间段，然后点击“导出”按钮（见图 3 - 6），即可导出对应时间段的直播间数据。

图 3 - 6

3. 最终导出的直播间数据会保存生成一个 xls 文件，下载完成后，我们打开这个文件，即可获得相应时间段的详细直播间信息（见图 3 - 7）。其中包括我们关心的直播间“累计观看人数”“累计观看次数”“新增粉丝数”“分享人数”等信息。

备注：相同筛选条件2小时内的导出结果相同，如非必要请不要连续导出
名词解释：1. 播出时段：直播开始时间-直播结束时间 例如：2021/09/09 21:00:00~2021/09/09 22:00:00，如果直播仍未结束则显示：2021/09/09 21:00:00~至今2. 直播门店：直播

播出时段	直播门店	门店ID	直播间名称	直播间ID	直播场次名	直播场次I	直播时间	累计预约人	累计观看人	累计观看次	新增粉丝数	分享人数	分享次数	点赞人数	点赞次数	评论人数
2021-11-(	训练账号0	26757640(	ZBBS-2	251633	ZBBS-999	3008519	02:10:58	0	4	6	0	0	0	0	0	0
2021-11-(	训练账号0	26757640(	ZBBS-2	251633	测试	3008529	01:06:23	0	0	0	0	0	0	0	0	0
2021-11-(	训练账号0	26757640(	ZBBS-2	251633	132	3008532	00:59:58	0	0	0	0	0	0	0	0	0
2021-11-(	训练账号0	26757640(	ZBBS-2	251633	致富研究所	3008538	00:09:15	0	0	0	0	0	0	0	0	0
2021-11-(	训练账号0	26757640(	ZBBS-2	251633	花椒	3008555	01:16:39	0	0	0	0	0	0	0	0	0
2021-11-(	训练账号0	26757640(	ZBBS-2	251633	001	3008563	00:12:23	0	0	0	0	0	0	0	0	0

图 3 - 7

第 2 步　订单数据导出

1. 点击左侧功能导航栏中的“订单”功能按钮，在“订单”功能区中点击“订单导出”功能即会弹出“订单导出”条件选择界面。在此界面中，可以选择需要导出的订单类型、报表类型、报表格式以及报表字段等。确定导出形式后，点击“导出”按钮即可启动订单数据导出过程（见图 3 - 8）。

图 3 - 8

2. 可以根据数据分析需要下载相应的订单数据文件，下载的文件格式如图 3－9 所示。

图 3－9

第 3 步 客流数据获取

1. 点击左侧功能导航栏中的“数据”功能按钮（见图 3－10），在“微盟 BI”导航栏中点击“客流分析”即可展开其二级功能，在二级功能区中点击“流量概览”即可显示“流量概览”相关数据（见图 3－11）。

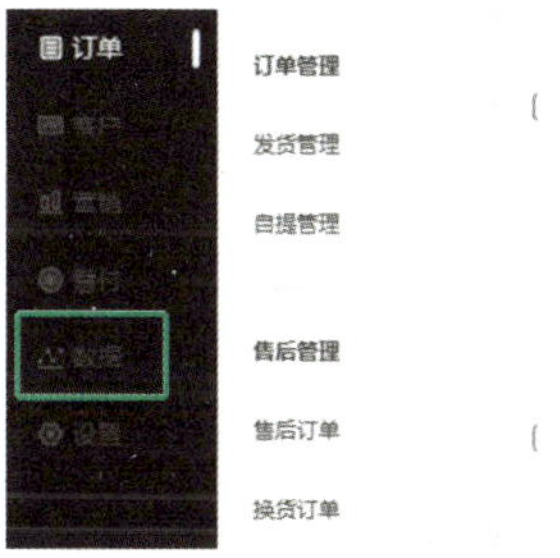

图 3－10

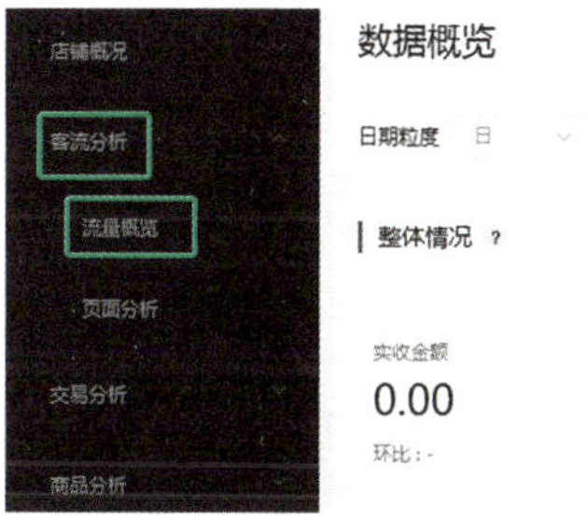

图 3－11

2. 在“流量概况”区中可以获得感兴趣的一系列直播间流量数据（见图 3－12），包括“人均停留时长”“确认订单页到达率”“购物车到达率”等。

图 3－12

3. 在“访客量时段分析”区中可以了解访客到访的具体时间段（见图 3－13），判断是否需要适当调整直播时间段。

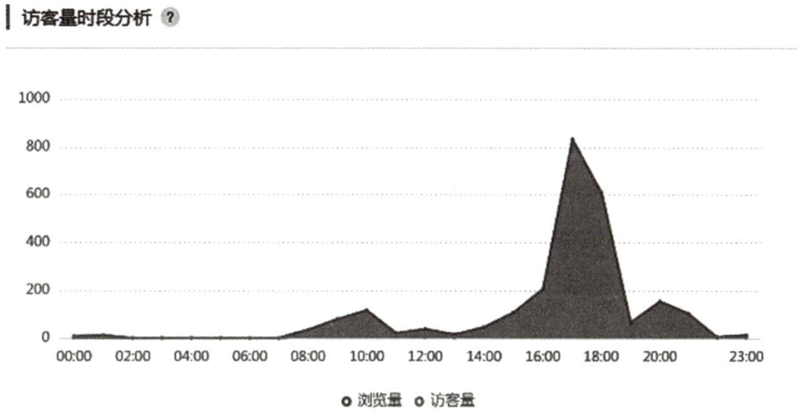

图 3－13

4. 在“访问来源”区中可以了解访客到访的具体来源（见图 3－14），判断是否需要适当调整营销推广策略。

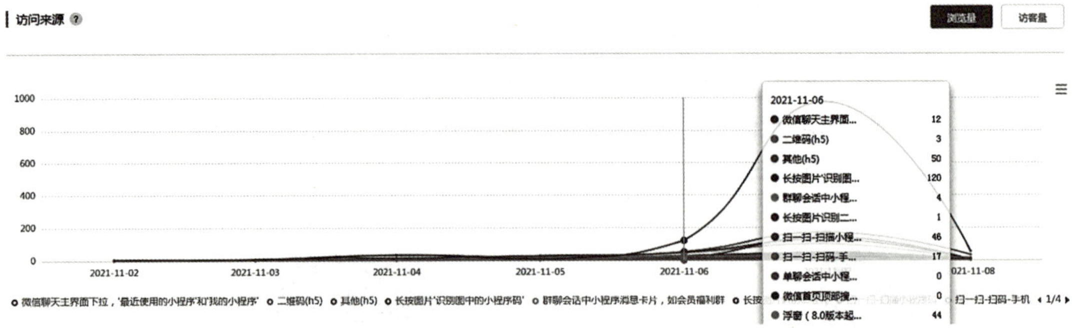

图 3－14

活动二　分析与总结数据

知识要点

直播间的后续操作会有很大一部分要通过数据指引方向，主播可以通过分析数据来制定相应的执行方案并进行测试，以优化直播数据。

以抖音直播为例，直播间数据分析的常用指标包括粉丝画像数据指标、流量数据指标、互动数据指标、转化数据指标四大类。

懂得如何导出后台数据后，下面就需要进行数据分析与总结了。一般情况下，不同的直播运营团队会有不同形式的数据分析表格与分析重心，但基本上都会分为“核心数据汇总”“数据分析与总结”两步来总结直播得失。

下面，请跟随指引，学习如何通过“数据汇总与分析两步法”为我们直播间进行复盘吧！此活动主要训练的职业工种为“平台管理员”与“直播销售员”，具体操作如下：

第 1 步　核心数据汇总

在活动一中，我们已经掌握如何导出“直播间”“订单”“客流”等核心数据，但这些数据都是分散记录在不同的文件中的。所以，直播团队中的运营人员往往都会对这些零散的数据进行汇总，方便数据分析与总结。

下面提供一些复盘分析表格（见表 3－2、表 3－3）给大家参考，各直播团队可根据直播运营产品和数据指标的个性化需求来进行调整。

表 3-2

直播复盘数据表			
类别	**项目**	**数据**	**备注**
主播	引导分享次数		
	引导订阅次数		
	引导加微次数		
吸粉	新进福利群人数		
	新添加微信人数		
	新订阅主播人数		
销售	进店人数		
	下单人数		
	成交单数		
	新客		
	退货人数		
	加购未成交人数		
	总金额		

表 3-3

直播与电商数据复盘		
直播日期		
直播产品		
人员参与	主播：	场控：
项目	数据	备忘
时间及时长		
点赞数		
观看人数		
评论数		
转发数		
直播涨粉数		
电商数据复盘		
订单管理		查看全部状态订单
账单管理		查看交易中及交易完成金额
点击数		到达商品、店铺点击数量
付款数		带来的付款订单笔数
总金额		总收入金额数

第 2 步　数据分析与总结

很多带货主播都知道，直播后的复盘非常重要，可直播间数据到底该怎么看呢？下面，我们提供几个数据指标分析重点供大家参考（见表 3－4），大家可以举一反三灵活应用。

表 3－4

数据指标分析重点说明表	
数据指标	分析重点
转粉率	转粉率计算公式：新增粉丝数÷观众人数。 一般来说，转粉率做到 3%及格、5%优秀。 那我们要怎么做才能提高转粉率呢？ 1. 后台的营销中心可以发店铺粉丝优惠券，例如一个产品本来计划卖 39 元，可以设置 49 元的价格，再发 10 元的店铺粉丝券，这个券是只有粉丝才能用的，这样就可以通过这个券，引导用户加关注。 2. 如果是用电脑直播的，可以在右上角关注下面加一个 PNG 格式的箭头贴纸，加上提示语引导关注。
评论率	评论率计算公式：评论人数÷观众人数。 一般来说，评论率做到 5%及格、10%优秀。 怎么做才能提高评论率呢？ 1. 主播多使用互动话术，引导用户在公屏上发言。 2. 设置口令福袋。
停留时长	复盘的时候还需要重点看停留时长。 一般来说，停留时长做到 30 秒及格，2 分钟以上优秀。 如果停留时长比较短，主要的原因为： 1. 直播间人群标签不精准。 2. 直播间产品普通。 3. 主播拉停留话术不够有力度。
转化率	既然用户都已经创建了订单，但是为什么没有带来转化支付订单呢？主要的原因为： 1. 主播层面：在最后成交阶段，主播是否充分利用了商品的附加福利，完成对用户的“临门一脚”，即我们说的福利式逼单。其次是逼单氛围的塑造，做得好的直播间，永远给用户造成的感觉，就是“过了这个村没这个店”的紧张氛围。主播会有节奏地发放福利，会把控用户心理、营造稀缺感的直播间，用户实际付款率一定不会差。 2. 商品层面：在实际支付环节容易出问题的有两点，一是价格接受度，用户对商品感兴趣，规格、颜色都没问题，但最终还是价位的问题放弃下单，综观各直播间的数据，客单价越高的直播间，订单创建率与订单支付率的阈值越大；二是发货及售后问题，在最后付款阶段，用户比较多考虑售后问题，比如发货时间、正品保证、退货换等。如果主播不加以强调，也势必会影响实际付款的比例。
流量来源	一般情况下，不依赖付费流量的情况下，自然流量推荐做到 60%及格，做到 90%是优秀。 如何提高自然流量推荐的占比呢？ 1. 用户在直播广场看到直播间的第一眼就是封面，一个好的直播间封面是可以大大提高观众进入直播间的概率的。所以，设置的封面一定要突出亮点。 2. 标题可以快速地帮助用户了解直播间的特点和内容，所以一定要重视标题的设计。

活动探究

请结合上述数据指标的分析重点，为某女装品牌直播带货活动的“人均看播时长”“点击-成交转化率”“直播自然推荐流量”三大指标（见图 3－15）做一个复盘数据分析，并把分析建议填入《活动探究活页手册》表 21 中。

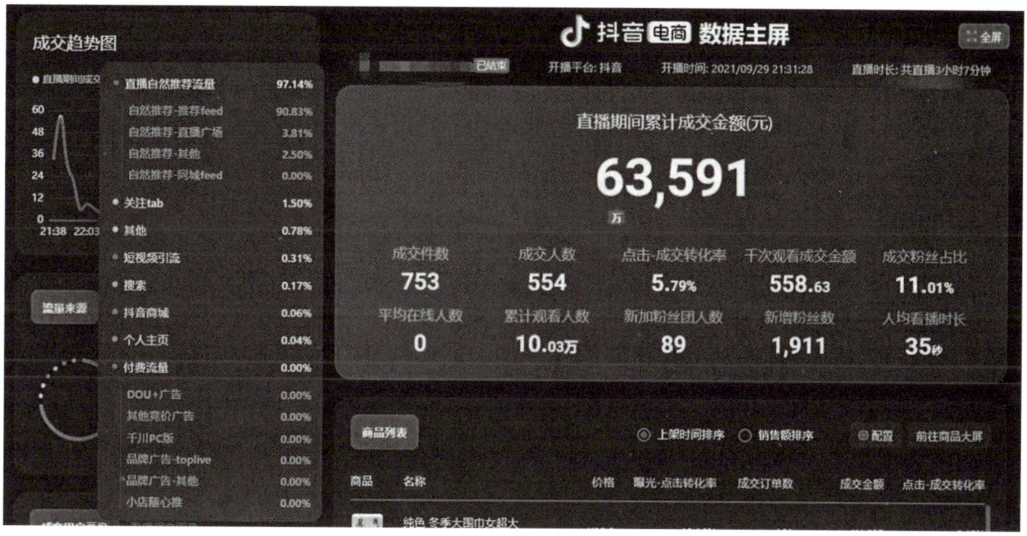

图 3－15

活动三 活动优化与提升计划

知识要点

主播通过数据复盘回顾并不断优化直播的整个过程，总结出直播中的各种不足，然后在下一场直播中改进，以获得更好的直播效果。

几乎所有的头部主播，都会在每场直播结束后进行数据复盘。复盘的主要目的其实就是希望通过系统地分析直播间数据，更好地发现直播过程中存在的问题，并且及时提出优化解决方案，争取在下次开播的时候实现活动流程的优化以及销售效果的提升。

要想实现直播运营的整体提升，不是仅仅懂得分析数据这么简单，而是要从人（人员）、货（商品）、场（环境）直播三要素出发制订详细的优化与提升计划。下面，请跟随我们的指引，学习如何通过“直播优化提升三步法”为我们的直播团队制订清晰的提升计划吧！此活动主要训练的职业工种为“平台管理员”“直播销售员”“视频创推员”“选品员”，具体操作如下：

第 1 步　人员技能提升

直播电商是要求团队高度协作的一个过程，因此，团队中的每一名成员都应该围绕着直播间销售目标努力提升其岗位专业技能。下面是针对不同岗位的个人技能提升建议，见表 3－5。

表 3－5

岗位技能提升建议		
岗位	关注点	提升方向
主播	直播状态	直播脚本、开场话术、互动话术、产品话术、促单话术、控场能力等
场控	直播效果	流程、节奏、人气、转化
运营	投放效果	视频发布、投放时机、投放金额、投放目标、投放效果
中控	后台配合操作	产品上下架、库存、优惠券、互动
客服	粉丝需求	问题回复、粉丝关系维护

第 2 步　商品设计提升

通过“直播间”与“订单”数据的导出，我们可以分析出哪些商品的销售最高，哪些商品容易被粉丝遗忘。而这些分析结果都可以很好地帮助我们进行商品复盘，同时制订商品设计提升计划。下面是一些具体的提升建议，见表 3－6。

表 3－6

商品设计提升建议	
类别	提升方向
选品逻辑	开播前引流款、利润款、热门款的选择与播后销售数据结果是否预期一致？例如，热门款是否能很好地起到销售支撑效果？引流款是否能很好地起到导流作用？假如商品无法有效发挥其相应作用，则应对选品逻辑进行调整。
过款顺序	整体过款顺序是否合理？某一组合商品搭配是否能很好地起到引流＋销量/利润的组合拳作用？可以通过多次开播尝试不同的组合结构与过款顺序获得最优解。
卖点挖掘	挖掘出来的商品卖点是“痒点”还是真实“卖点”？每一个商品的脚本话术都需要通过大量的开播训练获得提升。
价格设置	每款商品的价格设置是否合理？除了套用价格设置公式之外，我们还可以到不同的电商平台或者直播间进行比价。

第 3 步　场景设计提升

一场直播能够吸引人、留住人，除主播、产品和福利等因素之外，直播间场景设计也起到了关键的作用。一个优秀的直播运营团队应该能从外到内完成直播场景设计的整体提升。下面将结合“互联网营销直播技能”赛项场景设计考核要求提供一些具体的提升建议（见表 3－7），大家可以举一反三，不断优化。

表 3－7

场景设计提升建议		
类别	提升方向	示例图
外： 直播间封面图	1. 直播间主题 2. 开播时间与团队名称 3. 背景元素与主题的融合度 4. 主播服饰与主题的融合度 5. 商品展示的吸引力 6. 主播形象的吸引力 7. 色彩搭配与文字排版	
内： 直播间背景图	1. 直播间主题 2. 商家基本信息 3. 商品展示效果 4. 背景元素与主题的融合度 5. 色彩搭配与文字排版	
内： 直播间环境	1. 场景布置（主播台、产品区、道具区、背景板等） 2. 直播间装饰 3. 摄像头拍摄构图 4. 灯光效果	

扫描下方的二维码，即可从“互联网营销直播技能”赛项考核的角度了解直播间封面图和直播间背景图的具体设计要求。

扫一扫

直播间封面图设计要求

扫一扫

直播间背景图设计要求

任务二　直播后宣传

任务说明书

<table>
<tr><th>任务名称</th><th colspan="2">直播后宣传</th></tr>
<tr><td>任务情境</td><td colspan="2">目前我们已经掌握了直播后的常规复盘技巧，同时制订了活动优化与提升计划。下面，我们还需要趁着刚下播的黄金 72 小时宣传期，尽快制作一系列的直播花絮短视频、直播间业绩海报等来扩大直播间的宣传效果，持续促进店铺销量的同时也可以吸引更多的粉丝关注我们的直播间。</td></tr>
<tr><td>任务目标</td><td colspan="2">● 完成直播花絮短视频的精剪；
● 完成直播花絮短视频的发布。</td></tr>
<tr><td rowspan="5">任务分析</td><td>问题</td><td>分析</td></tr>
<tr><td>如何设计播后宣传短视频的脚本？</td><td></td></tr>
<tr><td>如何提高短视频剪辑制作质量？</td><td></td></tr>
<tr><td>有哪些合适的短视频发布平台？</td><td></td></tr>
<tr><td>如何通过短视频把粉丝导流到直播间？</td><td></td></tr>
</table>

活动一 精剪直播间精彩视频

知识要点

视频剪辑是一项将不同素材融合成统一整体的创意过程。它能够将拍摄、录制的画面、声音以及其他元素，有机地组织在一起，形成有逻辑、有情感的故事。通过剪辑，可以把原本分散的素材串联成一个具有影响力的作品，让观众更加投入其中。

直播间精剪视频基本步骤包括熟悉素材、整理思路、镜头分类筛选、粗剪、精剪、添加配乐音效、制作字幕及特效、影片调色、渲染输出视频成品。

此活动主要训练的职业工种为“视频创推员”。

先分享一个案例，某品牌的一条花絮视频在站外引起200多万的播放，这对直播间来说，是一个非常难得的纯自然流量曝光渠道（见图3-16）。所以，适当发布一些幕后花絮，既可以引流又可以展现团队对于直播间产品背后的付出，树立在粉丝心中的人设。如团队中比较好玩好笑的瞬间，又如在工厂确认产品的细节、选品要求、价格优惠力度、准备工作，等等。

图3-16

一般情况下，可以把直播间回放的内容和在直播过程中通过摄影设备拍摄的内容有效组合，制作成为直播间精剪视频。以下是直播间精剪视频基本步骤参考（见表3-8）。

表3-8

直播间精剪视频基本步骤	
步骤	工作事项
熟悉素材	剪辑师拿到前期拍摄的素材后，一定要将素材整体看一到两遍，熟悉摄影师所拍摄的素材，对每条素材都要有大概的印象，方便接下来配合剧本整理出剪辑思路。
整理思路	在熟悉完素材后，剪辑师需要结合这些素材和剧本整理出剪辑思路，也就是整片的剪辑构架，这个工作可能需要和导演一起探讨完成，剪辑师会提一些建设性意见，帮助导演共同完成。
镜头分类筛选	有了整体的剪辑思路之后，接下来就需要将素材进行筛选分类，建议将不同场景的系列镜头分类整理到不同文件夹中，方便后期剪辑和素材管理，这个工作可以在剪辑软件的“项目管理”中完成。
粗剪	粗剪，即结构性剪辑，将素材分类整理完成之后，在剪辑软件中按照分类好的戏份场景进行拼接剪辑，挑选合适的镜头将每一场戏份镜头流畅地剪辑下来，再将每一场戏按照剧本叙事方式拼接。需要注意的是，粗剪强调框架、情节的完整性。

续表

步骤	工作事项
精剪	确定了粗剪之后，剪辑师还需要对短视频进行精剪，精剪是对视频节奏及氛围等方面做精细调整，对影片做减法和乘法。减法是在不影响剧情的情况下，修剪掉拖沓冗长的段落，让影片更加紧凑；乘法是使短视频的情绪氛围及主题得到进一步升华。
添加配乐音效	合适的配乐可以给短视频加分。配乐是整部片子风格的重要组成部分，对短视频的氛围节奏方面也有很大影响，所以好的配乐对于视频至关重要。而音效则使片子在声音上更有层次。
制作字幕及特效	短视频剪辑完成后，需要给视频添加字幕及制作片头和片尾特效。当然特效的制作有时候会和剪辑一起进行。
影片调色	所有剪辑工作完成之后，需要对短视频进行颜色统一校正和风格调色，一般情况下会由专业的调色师来完成。
渲染输出视频成品	最后一步是将剪辑好的影片渲染输出，即导出视频成片。

活动探究

请大家按照以下具体要求完成一个直播间精剪短视频的设计与制作。

任务如下：

各直播运营团队自行拍摄与制作一段“直播间精剪短视频”，短视频要求采用“横屏模式”制作，时长为 2 分钟以内，格式为 MP4 文件，文件大小不超 500M，分辨率不低于 1280px×720px。在短视频中需包括以下内容模块：

1. 短视频片头：对直播活动进行合理引导，片头创意由直播运营团队自定；
2. 直播间环境展示：如直播间功能构成、直播间特色、商品展架等；
3. 直播间过程精剪：可以通过视频剪辑工具把直播的精彩瞬间精剪为不少于 60 秒的过程实录视频（不限定采用直播实录回放作为精剪素材）；
4. 短视频片尾：片尾创意由直播运营团队自定；
5. 其他内容：直播运营团队可在规定时长内合理增加其他创意元素。

活动二　发布宣传短视频

知识要点

短视频的发布时间规划是影响短视频传播效果的重要因素之一，选择适当的时间发布短视频可以增加被观众发现和观看的概率；发布时间的选择不当，不仅会影响阅读量和互动量，还会影响推广效果和收益。

我们经常会发现这样的情形：同一类型的视频内容互动数据差异明显，同一个账号在不同时间段发布的视频数据表现也参差不齐。影响一条视频数据表现的因素有很多，但有一个因素却是至关重要的，即视频发布时间。下面我们来具体介绍一下短视频发布的不同时间段特点（见表 3－9），此活动主要训练的职业工种为“视频创推员”。

表 3－9

短视频发布的不同时间段特点分析	
时间段	观众特点
6—9 点	这是普通上班族吃早餐和上班途中的时间段，大部分人都会选择拿手机刷刷视频、看看文章。
12—14 点	这是大家吃午餐和午休的时间段，绝大部分人都会拿手机出来消磨一下时间。
17—20 点	这可以说是一个万能的发布时间段，人们都会在忙碌的一天过后，选择躺在沙发上刷刷自己喜欢的视频来休息、放松一下。
22—24 点	睡前阶段，非常适合发布情感类、励志类、心灵鸡汤类的内容，这类内容的流量会更高。

下面，将结合抖音创作者作品发布特征进行说明。

特征 1　抖音创作者一天内的作品黄金发布时间

对抖音平台的创作者而言，在 11—12 点以及 17—19 点时间段内发布的作品，更容易获得网友们的点赞。选择刚下课、下班时间段内发布作品，是头部创作者的涨粉法宝。同时，抖音用户更愿意在 21—22 点与内容创作者进行互动与分享，在这个时间段内，评论数与分享量达到了一天的峰值（见图 3－17）。

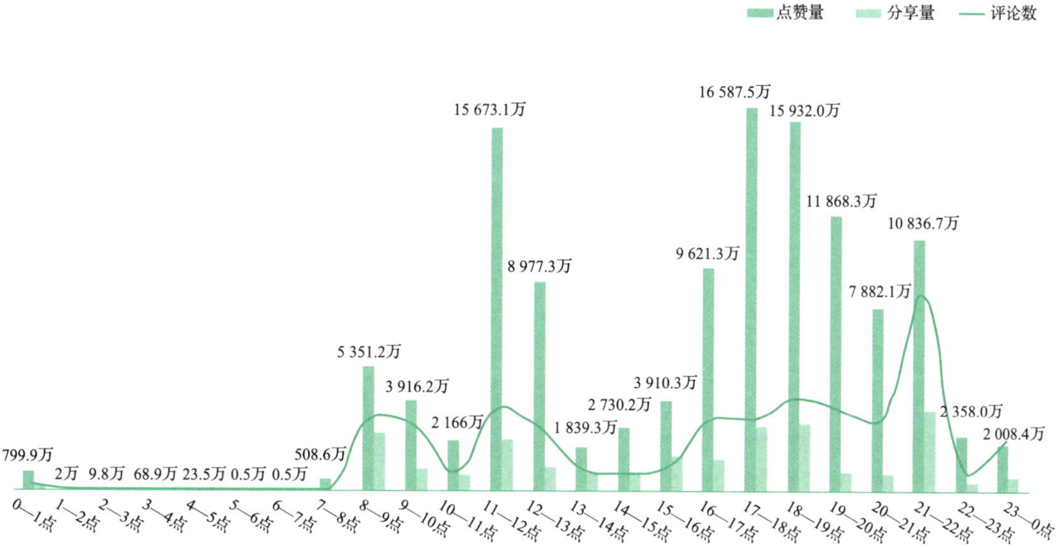

图 3－17

特征 2 抖音创作者一周内的作品黄金发布时间

对于个人创作者来说，一周中的周四、周五发布的作品的点赞量最高，主要原因是临近周末，观众可以把更多精力投入到娱乐当中。要注意，在周日发布作品的数据效果是最不理想的，主要原因是观众往往有更丰富的娱乐节目，同时还要准备迎接周一，所以短视频创作者要避免在周日发布作品（见图 3－18）。

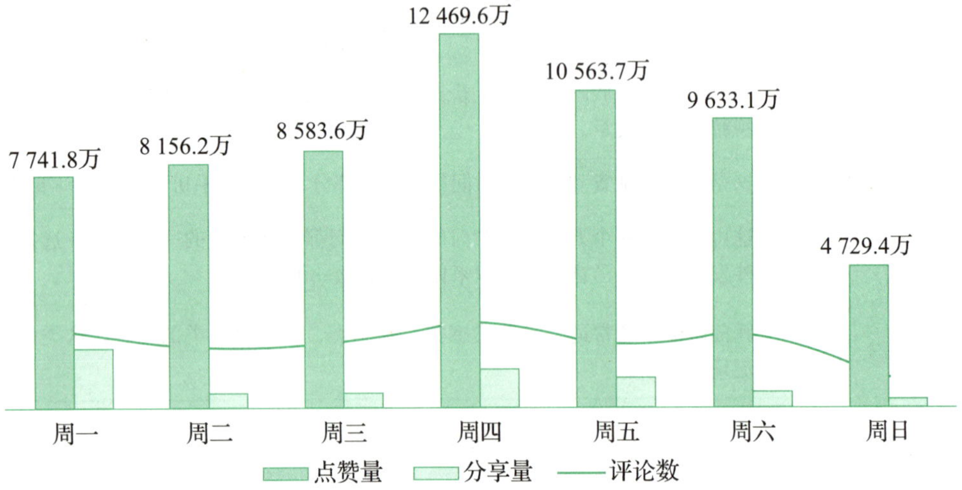

图 3－18

活动探究

各运营团队需要把制作好的直播间精剪短视频发布到某短视频平台中进行吸粉推广，并完成播后短视频宣传计划表，见《活动探究活页手册》表 22。

任务三 售后服务跟踪

任务说明书

任务名称	售后服务跟踪
任务情境	经过了播后复盘、直播后宣传等一系列任务后，我们的直播后工作安排也完成了大部分的工作。最后，我们还需要尽力做好售后的服务跟踪，特别是对加入我们直播间福利群的粉丝们做好顾客维护。只有深入了解粉丝对直播间商品的评价反馈，才可以更好增强顾客的黏性，让其成为直播间的忠实粉丝，进一步提高直播间的人气与复购率。 下面，让我们完成一系列的售后服务跟踪工作吧！

续表

任务名称	售后服务跟踪	
任务目标	● 与合作商家保持沟通，确保发货的时效与质量； ● 及时跟踪顾客反馈，增强顾客的黏性。	
任务分析	问题	分析
	不同的直播电商平台的发货规则是怎样的？	
	我们如何跟踪商家的发货进度？	
	如何提升商家发货的质量（特别是农产品）？	
	假如出现了物流或产品质量问题，应该如何处理？	

活动一　确保发货时效

知识要点

发货时效也叫“发货时间”，是指快递公司把快件录入到系统中的时间，并不是指发货人真正的发送时间，真正的发送时间一般略早于录入系统的时间。

直播电商对客户体验度要求非常高，不单是在直播过程中的互动过程，也包括了购物后的物流效率。假如我们能在客户购物后，用最快的速度把购买的商品送到客户手上，对客户而言无疑是一次满意的购物体验。自然，我们的直播间就会成为他们持续关注的焦点了。

在此次直播带货的过程中，我们只是一个直播运营团队的角色，主要负责直播活动的策划与流程实施，而产品出库与订单发货则是由合作企业所提供的。但作为一个成熟的直播运营团队，我们在下播后也应该与合作企业保持良好的沟通，并及时跟踪企业方发货的进度，确保直播间客户可以获得更好的购物体验。

下面以淘宝平台为例，说明淘宝制定的发货规则要求（见图 3 - 19）。此活动主要训练的职业工种为“平台管理员”与“直播销售员”。

一，根据淘宝规则是，双方约定的发货时间未发货算违规，包括但不限于以下情形：

1、买卖双方自行约定发货时间的，卖家须在买家付款后按照约定在承诺的时间内发货;

2、买卖双方无约定的，买家付款后卖家须在七十二小时内发货;

3、卖家若加入官方活动的，约定的发货时间以活动要求的时间为准。

卖家的发货时间，以快递公司系统内揽件记录的时间为准。快递公司完成将快递单上的信息录入到快递公司系统内的，淘宝合作物流会将这些信息同步到淘宝网，买家可以在"已买到的宝贝"中查看。

二，若双方约定的发货时间不明确则按双方约定的最低时限予以计算确定。举例：

买卖双方另行约定发货时间，发货时间约定为"大概5天、5天左右、5天后"发货等情形，则卖家需在买家付款后的5天内发货。

三，买卖双方自行约定发货时间的，可通过约定方式包括但不限于：

卖家通过商品详情页、阿里旺旺、淘宝官方提供的产品或工具等与买家约定发货时间。

若卖家针对同一件商品，通过多种方式与同一个买家约定了不同的发货时间的，除买家明确确认的情况外，淘宝将以有利于买家的发货时间约定为判断依据。若商品为"定制、预售、代购等特殊商品"，发货时间以卖家商品描述页面为准(买卖双方另有约定的从其约定)。

图 3－19

活动探究

请各直播运营团队参考《活动探究活页手册》表 23 跟踪企业方的物流发货情况，及时掌握商家的物流发货动态，并完成该表。

活动二　跟踪顾客反馈

知识要点

粉丝参与度即粉丝互动率，一般体现在视频的点赞量、分享量、评论数以及评论内容等方面。这些数据也同粉丝数一样，是可以人为操作的。品牌方要根据具体情况来分辨数据的真实性，比如评论区的留言内容，造假的评论是很容易分辨的。

"顾客互动三步法"包括抛出话题、收集反馈、发布福利。

一般情况下，直播运营团队都会建立自己的直播间私域粉丝群。能够通过直播间带货或其他宣传渠道成为我们私域粉丝群的粉丝们，往往出于两个方面的原因：要么是认同我们主播的人设魅力，要么是觉得直播间的商品优质实惠。

但不管出于什么原因，我们都应该尽力维护好与粉丝们的关系。特别是在粉丝购物 48 小时后应该会陆续收到快递，而这个时候也是我们与粉丝建立黏性的最佳时间。

下面，请跟随我们的指引，通过"顾客互动三步法"进一步拉近我们与粉丝间的距离吧！此活动主要训练的职业工种为"平台管理员"与"直播销售员"。

第 1 步 抛出话题

活跃的社群，从来都不是群主一个人的独角戏，我们应该学会如何提升粉丝的参与度。例如我们现在需要跟踪直播后的顾客反馈，除了可以直接发布一个调查问卷，还可以考虑采用一些暖心的方式让顾客积极参与到互动之中，并且可以通过这些互动更好地认识商品的特点，自然而然也就能提升商品的好评度了。

图 3 - 20 中的这个案例，就是以“食谱分享”作为切入点抛出互动话题，并让粉丝们晒图分享美食提升参与度。

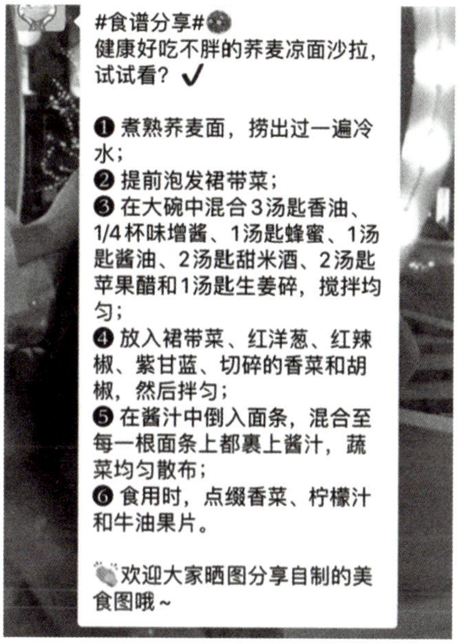

图 3 - 20

第 2 步 收集反馈

不管是调查问卷还是晒图分享，我们都需要把粉丝的反馈有效地收集起来。除此之外，我们还可以适当设置一些激励机制，例如“满多少人晒图送福利”“最佳人气福利”等活动以增加粉丝群活跃指数。

第 3 步 发布福利

没有什么比发布福利那一刻更令人期待的了，发布福利不但可以让参与到互动中的粉丝们获得实实在在的激励，也可以让没有参与活动的粉丝感到遗憾与期待，并继续关注我们的直播间。

活动探究 1

请根据《活动探究活页手册》表 24 所述问题设计答案选项，并自行选择一款在线调查问卷软件，设计一个顾客回访调查表，跟踪顾客对我们直播间与商品的信息反馈。

活动探究 2

请结合“顾客互动三步法”设计一个粉丝互动话题以及福利激励，并将设计内容填入《活动探究活页手册》表 25 中。

项目检测

一、单选题

1. 产品上下架、库存、优惠券、互动是（　　）的主要工作方面。

A. 中控　　B. 运营　　C. 场控　　D. 主播

2. 下列不属于产品设计提升计划的是（　　）。

A. 价格设置　　B. 卖点挖掘　　C. 选品逻辑　　D. 官方话术

3. 万能的发布时间段是（　　）。

A. 12—14 点　　B. 17—20 点

C. 6—9 点　　D. 22—24 点

4. 对于个人创作者来说，一周中的（　　）发布的作品的点赞量最高。

A. 周一　　B. 周四　　C. 周三　　D. 周日

5. 直播电商对用户体验度要求非常高，不单是在直播过程中的互动过程，也包括（　　）。

A. 产品的包装　　B. 产品的质量

C. 购物后的物流效率　　D. 售后服务

二、多选题

1. 直播完毕后，我们需要尽快完成发货，确保客户满意度，一般的播后工作事项包含（　　）。

A. 数据复盘　　B. 二次宣传推广

C. 按时发货及售后处理　　D. 准备第二场直播

2. 对于主播和运营来说，复盘是非常重要又最容易被忽视的环节，我们需要对（　　）数据进行复盘。

A. 直播间观众停留时长　　B. 新增粉丝数

C. 直播观看人数　　D. 直播销售额

3. 要想实现直播运营的整体提升，不是仅仅懂得分析数据这么简单，而是要从（　　）出发制订详细的优化与提升计划。

A. 设备　　B. 环境　　C. 产品　　D. 人员

4. 直播间封面图包括（　　）。

A. 色彩搭配与文字排版　　B. 商品展示的吸引力

C. 开播时间与团队名称　　D. 直播间主题

5. 下列属于“顾客互动三步法”的是（　　）。

A. 发布福利　　B. 收集反馈　　C. 抛出话题

三、判断题

1. 直播观看人数是最能体现直播带货能力的数据指标。（　　）

2. 观众停留的时间越久，说明你的直播间的产品越有吸引力，主播对观众的影响越大。（　　）

3. 直播间背景板里需要包含开播时间与团队名称。（　　）

4. 配乐是整部片子风格的重要组成部分，对短视频的氛围节奏方面也有很大影响。（　　）

四、案例分析

农产品直播，助力乡村振兴

党的二十大报告提出：全面推进乡村振兴，坚持农业农村优先发展，巩固拓展脱贫攻坚成果，加快建设农业强国，扎实推动乡村产业、人才、文化、生态、组织振兴。我国每年农产品的总产量超过 20 亿吨，生鲜农产品产量 2018 年超过 13 亿吨。中国农业大学教授李小云撰文表示："精准扶贫与乡村振兴战略的实施，为传统大型电商扶贫助农提供了巨大空间。"

老宋年过半百成了网红，自打新冠疫情期间触电直播，老宋就化身"地瓜哥"，通过直播带货，自家的农产品不仅走出北海，销往"北上广"等一线城市，还引来了德国电视一台和法国电视24台的报道。"卖得很不错，50%以上的商品都是通过直播销售出去的。"又到了地瓜成熟的时节，8月3日，老宋戴着斗笠站在地头，对着数万名线上"老铁"和前来采访的记者，侃侃而谈，介绍自家地瓜的销售情况，俨然已是经验丰富的主播，与刚开始直播时相比，多了一份松弛和自信。

老宋介绍，疫情期间，自家产品销售受到影响，严重时物流运输基本停滞，产品无法销售，传统渠道收货的批发商难觅踪影。

2020年3月，《2020年网络扶贫工作要点》明确提出，2020年底前，电商服务通达所有乡镇，快递服务基本实现乡乡有网点，电商帮扶贫困户增收作用更加明显。完善信息服务体系，持续深化网络公益，构建起人人参与的网络扶贫大格局。

当数字化成为新常态，愈加火热的电商直播，重新解构了消费者的购买习惯，"线上+线下"的沉浸式体验，拓宽了零售赛道。数字化工具的应用，让政策引领、行业规范和人才培养的呼声越来越响。

问题：

1. 农产品直播后复盘、宣传和售后服务跟踪需要注意哪些问题?

2. 根据案例，请思考老宋之所以能成为网红"地瓜哥"，除了自身的努力外，还需要哪些外在力量的支持。

项目四

营销策划案设计与制作

学习目标

知识目标

- 认识营销策划案的作用与意义；
- 认识营销策划案的核心构成。

技能目标

- 能够熟练地设置营销策划案目录结构；
- 能够掌握营销策划案编写要点；
- 能够在限定时间内高效讲解营销策划案内容。

素养目标

- 树立缜密的营销策划逻辑思维；
- 养成实事求是的工作态度；
- 锻炼从实际出发分析问题、解决问题和团队协调合作的能力。

思维导图

- 项目四 营销策划案设计与制作
  - 知识储备
    - 一、如何开展直播营销策划
    - 二、如何设计与制作直播营销策划案
  - 任务一 品牌定位设计
    - 活动一 分析商家背景
    - 活动二 分析现状与痛点
    - 活动三 设计商家品牌定位
  - 任务二 直播营销活动主题设计
    - 活动一 分析粉丝画像
    - 活动二 分析消费行为
    - 活动三 设计活动主题
  - 任务三 直播产品组合设计
    - 活动一 分析商家销售数据
    - 活动二 确定直播产品组合
    - 活动三 确定直播促销方案
  - 任务四 直播营销活动整体规划
    - 活动一 整体规划直播活动
    - 活动二 预热期具体活动
    - 活动三 直播期具体活动
    - 活动四 热度延续期具体活动

情境导入

经过“直播前活动策划”“直播过程实施”“直播后工作安排”三大项目的训练与学习，相信大家都已经掌握了直播带货活动的完整流程。而我们之前做的直播活动，也得到了合作企业的认可。目前，有一家“水果专营连锁店”联系了我们，希望我们能够帮助其设计一个直播营销策划案，系统性地制定一个直播活动的完整流程，确保直播间销售达到预期目标。

为了更好地制作直播营销策划案，我们与企业开展了一系列的前期沟通工作，企业也为我们提供了一份“品牌介绍”PPT与一份“销售数据源工作表”（可通过扫描下方二维码获取），便于我们更精准地设计直播营销活动。接下来我们就是要设计制作出一份优质的直播营销策划案，以使企业与我们建立正式合作关系。

扫一扫 品牌介绍

扫一扫 销售数据源工作表

通过以上情境导入，请大家思考并分小组讨论，完成表 4-1。

表 4-1

问题	讨论结果
一个完善的直播营销策划案应该包含哪些具体内容?	
直播营销策划案的核心重点应该是什么?	
如何在五分钟的时间内高效呈现与讲解营销策划案内容?	

知识储备

一、如何开展直播营销策划

直播营销策划是一件非常缜密和烧脑的事情，策划得好，直播销售可能就会爆红，策划得不好，主播可能就白白在镜头前浪费了 3 个小时。而直播营销策划案的主要作用与意义就是理顺直播带货的实施逻辑和内容规划，指引直播运营团队系统化地执行实施直播带货活动。同时，也能更好地向合作企业阐述其直播运营思维与执行能力，争取获得合作企业的信任与认可。

一般而言，在进行直播营销策划的时候我们需要明确以下几个部分：

（一）确定直播目标

结合店铺实际运营策略制定直播目标，便于合理规划大促期间的人员和费用。

（二）确定目标人群

每一个产品都有对应的目标受众，只有精准定位客户群体才能提供更好的营销解决方案。

（三）确定活动主题

直播活动主题不仅是一个标题名称，还是带有具体营销目的的一个信息传递方式，用于吸引受众粉丝关注其活动内容，提高转化效果。

（四）活动亮点

要想在繁多的直播活动中让观众对你的直播间产生关注，必须挖掘出其直播活动亮点，它有可能来自产品，有可能表现为价格，但必须存在吸睛亮点。

（五）活动筹备

需要提前规划大促前的活动方案及相关准备工作，确保直播前、中、后顺利实施。

（六）直播团队

直播团队的搭建与专业度培养是大促期间直播能否很好承接流量的关键，只有人员到位才能满足大促期间的长时间直播和流量承接。

（七）资源筛选、选品及排期确定

结合类目和店铺人群标签去匹配站内外达人为其直播站台，提前选品和确定排期，确保大促期间直播顺利进行。

为了更好地明确以上内容，在构建详细的营销策划案文件之前我们可以通过思维导图的方式理顺策划思路。下面，以开展一场文具直播为例，通过思维导图说明运营团队是如何构建直播营销策划活动的（见图 4－1）。

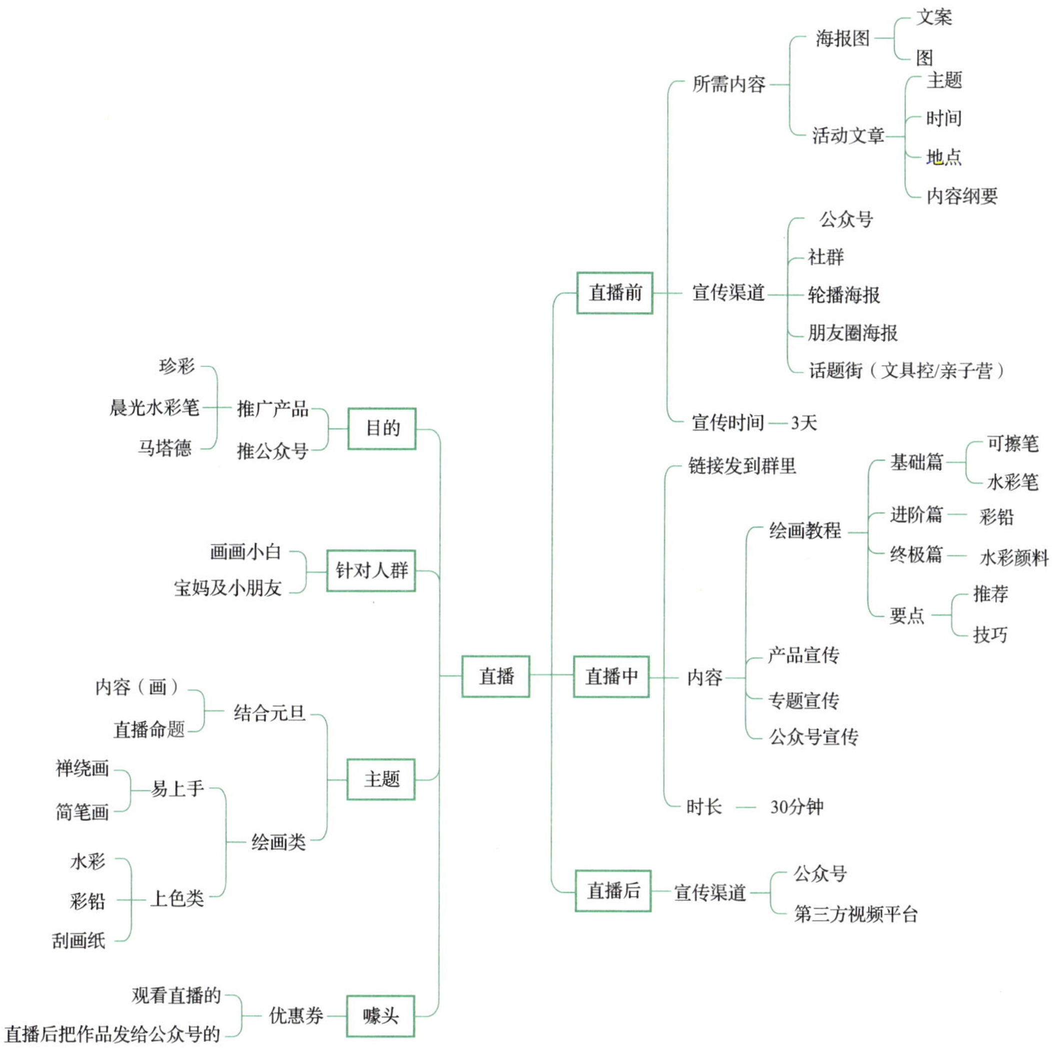

图 4－1

二、如何设计与制作直播营销策划案

直播营销策划的主要作用与意义就是理顺直播带货的实施逻辑和内容规划，直播营销策划案就是将活动策划逻辑转换为文档表现方式。为了方便汇报，一般情况下直播营销策划案都会制作成 PPT 格式文件，通过图文并茂的方式展示其营销策划思路。

下面，将以广东省职业院校学生专业技能大赛互联网营销直播技能赛项中营销策划案设计与制作模块的题目要求为例，说明如何设计制作一个符合考核要求的直播营销策划案 PPT。

（一）PPT 封面制作要求

1. 主题需采用“商家名称　直播营销策划案”形式命名。

2. 需在 PPT 封面中结合策划案背景设计一个“营销广告语”。

3. 需在 PPT 封面中标识参赛团队工号名称，命名形式为“设计团队- GDGZ 模块二抽签工位号”，真实工作中要对应直播运营团队名称。

解题思路：结合题目要求，PPT 封面应同时包含“活动主题名称”“营销广告”“团队标识”，缺一不可。具体 PPT 封面设计可参考图 4 - 2。

图 4 - 2

（二）PPT 目录页制作要求

1. 为“营销策划案 PPT”添加目录，展示于 PPT 封面页之后。

2. 将商家标识融入 PPT 目录页中，并合理编排与目录的结构关系。

解题思路：结合题目要求，PPT 目录页应同时包含“目录结构”与“商家标识”，缺一不可。具体 PPT 目录页设计可参考图 4 - 3。

（三）商家营销数据分析要求

1. 需对“销售数据源”Excel 表进行数据分析，将分析所得的“店铺销售总金额”“最高销量单品（爆款）”“最佳利润单品（利润款）”“最低单价款（引流款）”四项数值展现于“商家营销数据分析”子页面中，页数不可超过一页。

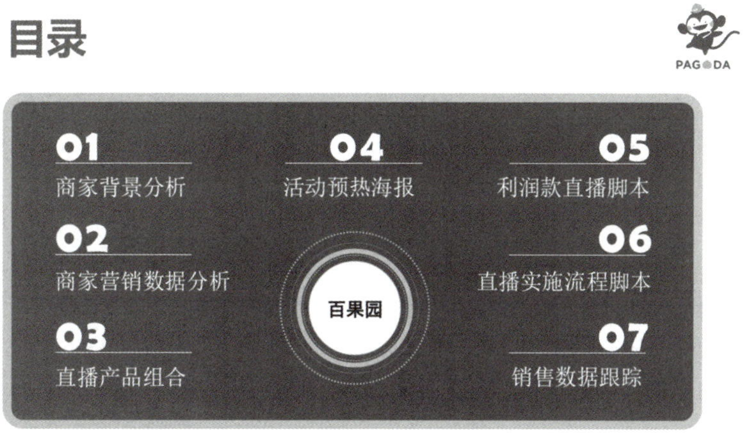

图 4-3

2. 四项指标的具体计算公式见表 4-2。

表 4-2

指标	计算公式
店铺销售总金额	店铺销售总金额＝所有商品销售金额总和
最高销量单品（爆款）	销售数量最高的单品
最佳利润单品（利润款）	毛利率＝(售价－成本)/售价×100%，毛利最高单品
最低单价款（引流款）	成本价最低的单品

解题思路：结合题目要求，首先需要掌握如何在 Excel 表中汇总分析数据，然后将数据分析结果合理展示于“商家营销数据分析”页中。具体营销数据分析页设计可参考图 4-4。

图 4-4

（四）直播产品组合要求

1. 根据数据分析所得，分别从“引流款”“爆款”“利润款”分类商品中各挑选排名前二的商品最终组成六款商品作为此次直播带货的产品组合。六款商品皆需展示其“商品分类”“线下成交价”“直播间价格”。

2. “引流款”“爆款”“利润款”分类商品的直播间价格分别为“商品成本价×1.2、1.4、1.6”。

解题思路：结合题目要求，应先将第三点要求计算得出的“引流款”“爆款”“利润款”排序后确定各项分类前二商品。然后分别计算出每样商品的最终直播间价格。具体直播产品组合设计可参考图 4－5。

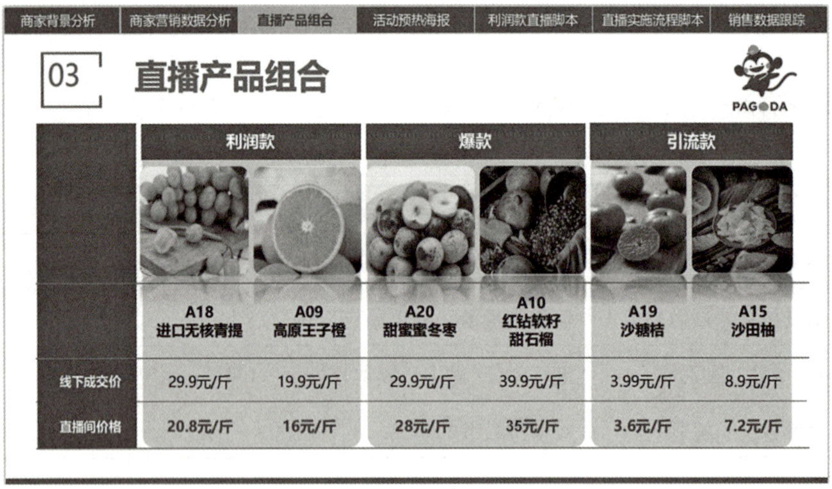

图 4－5

（五）活动预热海报要求

1. 请将“活动预热引导图”与“活动预热海报图”展示于“活动预热海报”子页面中，页数不可超过两页。

2. 请说明“活动预热引导图”与“活动预热海报图”的设计思路，展示于 PPT 中。

解题思路：结合题目要求，应先完成活动预热引导图（横图）与海报图（竖图）的设计，然后展示于“活动预热海报”页中并说明其设计思路。具体活动预热海报设计可参考图 4－6、图 4－7。

（六）利润款直播脚本设计要求

1. 要求从直播产品组合中挑选出最优利润产品设计直播脚本并展示于“利润款直播脚本”子页面中，页数不可超过两页。

2. 要求对利润款直播脚本细分出“环节”“时长”“主讲”“话术”“场控”等内容进行陈述。

解题思路：结合题目要求，应先选出最优利润款商品进行直播脚本设计，并将脚本

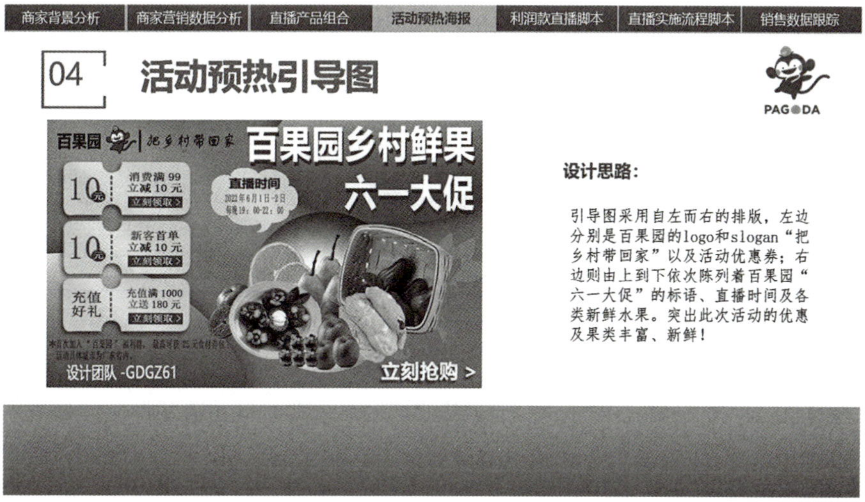

图 4-6

图 4-7

设计内容合理组织到“环节”“时长”“主讲”“话术”“场控”等模块中。具体利润款直播脚本设计可参考图 4-8。

（七）直播实施流程设计要求

1. 要求通过自定义表现形式（不仅限于表格）体现“直播前活动策划”“直播过程实施”“直播后工作安排”三大过程设计。

2. 为每一个过程列举不少于三样的具体事务展示于 PPT 中。

解题思路：结合题目要求，应先确定每一个活动过程对应的时间周期。然后结合前面三个项目所学知识为每一个过程设计匹配的活动内容。具体直播实施流程设计可参考图 4-9。

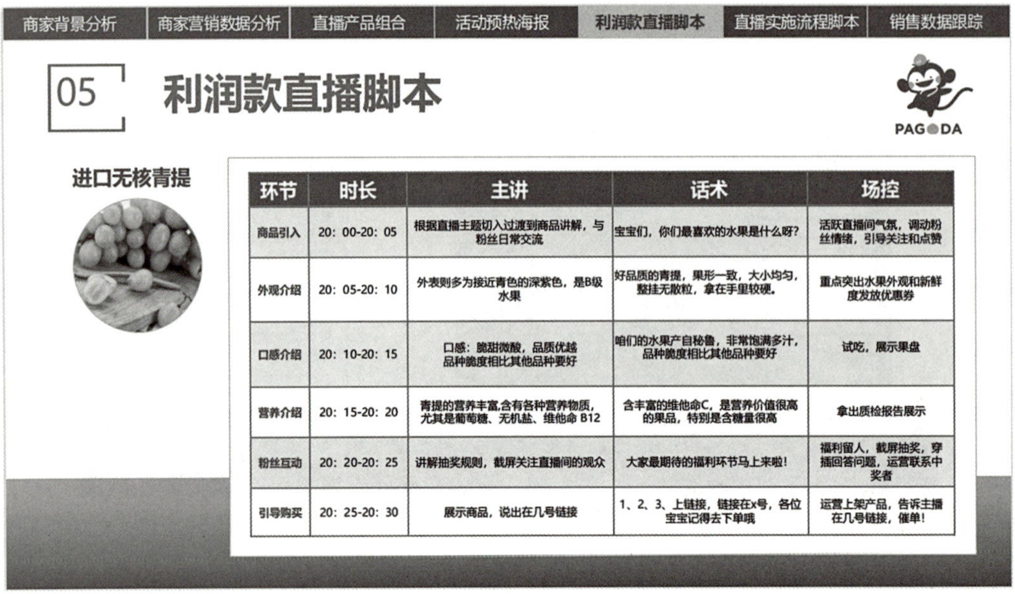

环节	时长	主讲	话术	场控
商品引入	20：00-20：05	根据直播主题切入过渡到商品讲解，与粉丝日常交流	宝宝们，你们最喜欢的水果是什么呀?	活跃直播间气氛，调动粉丝情绪，引导关注和点赞
外观介绍	20：05-20：10	外表则多为接近青色的深紫色，是B级水果	好品质的青提，果形一致，大小均匀，整挂无散粒，拿在手里较硬。	重点突出水果外观和新鲜度发放优惠券
口感介绍	20：10-20：15	口感：脆甜微酸，品质优越 品种脆度相比其他品种要好	咱们的水果产自秘鲁，非常饱满多汁，品种脆度相比其他品种要好	试吃，展示果盘
营养介绍	20：15-20：20	青提的营养丰富,含有各种营养物质，尤其是葡萄糖、无机盐、维他命 B12	含丰富的维他命C，是营养价值很高的果品，特别是含糖量很高	拿出质检报告展示
粉丝互动	20：20-20：25	讲解抽奖规则，截屏关注直播间的观众	大家最期待的福利环节马上来啦!	福利留人，截屏抽奖，穿插回答问题，运营联系中奖者
引导购买	20：25-20：30	展示商品，说出在几号链接	1、2、3、上链接，链接在x号，各位宝宝记得去下单哦	运营上架产品，告诉主播在几号链接，催单!

图 4 - 8

图 4 - 9

（八）销售数据跟踪要求

1. 请将直播平台重要的数据分析功能面板截图展示于“销售数据跟踪”子页面中，页数不可超过两页。

2. 请用文字说明截图所示的数据分析功能的具体作用与意义。

解题思路：结合题目要求，应先确定每一个重要的数据分析功能面板在直播平台中的具体位置，同时需要理解每一个数据指标的具体作用与意义。具体销售数据跟踪设计可参考图 4－10、图 4－11。

图 4－10

图 4－11

以上演示皆基于广东省职业院校学生专业技能大赛互联网营销直播技能赛项中营销策划案设计与制作模块考核要求，与商家真实经营状况无关。在实际工作中，可结合企业实际需求进行优化，以满足营销策划案设计需要。

任务一　品牌定位设计

任务说明书

任务名称	品牌定位设计	
任务情境	祝贺大家正式迈出了编写直播营销策划案的第一步。合作企业希望我们能根据它给出的“品牌介绍 PPT”与“销售数据源工作表”，开展一系列的市场调研活动，帮助合作企业制定更加清晰的品牌定位设计，以更好地服务于直播客户群，提升企业销售业绩。 而这，也是合作企业要求我们在营销策划案里面必须实现的第一个任务：品牌定位设计。	
任务目标	● 通过阅读“品牌介绍 PPT”加强对企业的背景了解； ● 对企业品牌开展一系列的市场调研活动； ● 结合多方面的调研信息，为合作企业进行品牌定位设计。	
任务分析	问题	分析
	商家背景分析应该包含哪些内容？	
	如何挖掘企业发展过程中的痛点？	
	如何更好地帮助企业进行品牌定位设计？	
	如何让企业更好地认同我们的设计理念？	

活动一　分析商家背景

知识要点

市场调研是一种把消费者及公共部门和市场联系起来的特定活动——这些信息用以识别和界定市场营销机会和问题，开展、改进和评价营销活动，监控营销绩效，增进对营销过程的理解。

背景分析，一般可以分为内部背景分析和外部环境因素调研两部分。内部背景分析主要是从合作企业自身的发展历程、产品结构、销售业绩、市场份额等方面进行分析。而外部环境因素调研主要是从政策环境、市场环境、产品竞争力、行业发展潜力等方面进行分析。

策划的本质是解决问题，而问题的出现一定是有原因的。一般情况下，为了更好地制作直播营销策划案，首先需要对合作企业乃至企业所对应的行业进行充分的背景分析，以提供更加专业有效的营销建议。

为了做好内部背景分析，需要企业提供尽可能详细的内部资料，例如商家介绍 PPT、产品手册、销售数据表等核心资源。现在，我们的合作企业也已经为我们提供了相应的材料，方便我们更好地了解企业的相关背景。以下是截取于商家介绍 PPT 中的部分材料（见图 4－12、图 4－13），此活动主要训练的职业工种为“平台管理员”与“直播销售员”。

图 4－12

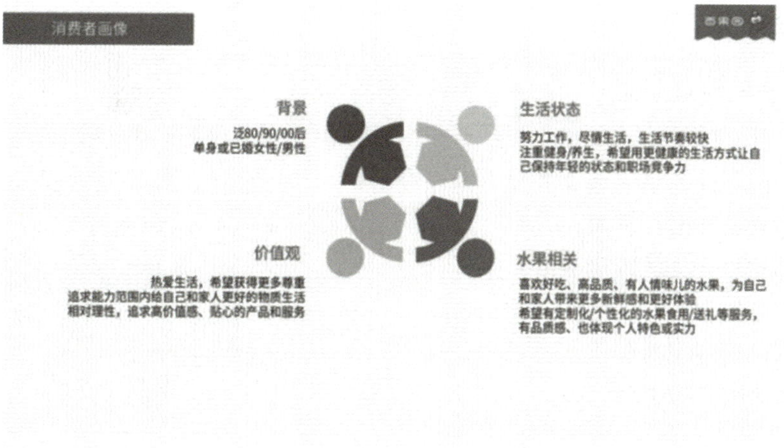

图 4－13

为了更好地开展营销策划，我们还需要对外部环境因素开展调研活动。一般情况下，外部环境因素的调研主要包括以下几个方面（见表 4－3）。

表 4-3

调研方向	具体事项
消费者调研	消费者购买动机、购买方式及购买习惯，消费者对企业营销策略的反馈、对企业产品与价格的满意度、对营销服务的要求等情况
市场需求调研	市场需求总量的调研、市场需求构成的调研等
市场竞争调研	识别竞争者、竞争者地位分析、评估竞争者的优势与劣势、竞争者战略分析等
宏观环境调研	经济环境、政治法律环境、社会文化环境、科学技术环境、人口、自然资源等

活动探究 1

对合作企业提供的内部材料进行背景分析，将掌握到的商家信息整理到《活动探究活页手册》表 26 中。

活动探究 2

请把掌握到的外部环境因素整理到《活动探究活页手册》表 27 中。

活动二　分析现状与痛点

知识要点

有“痛点”才知道重视，有“痛点”才会去治疗，有“痛点”才可能去改变，有了“痛点”才会有成交！推荐找到痛点的六个渠道：

1. 直接问需求，很多调查表就是这个目的；
2. 看客户朋友圈找需求；
3. 看抖音的评论区或者留言；
4. 看知乎的问答；
5. 从相关图书中找答案；
6. 看竞争对手的宣传海报。

一项成功的业务，必然满足了消费者的某些需求，解决了消费者的某些痛点。随着经济发展，大部分行业都已经进入“供大于求”的状态，在此情况下，如果不能解决消费者痛点，很容易被市场抛弃。

一般情况下，我们可以从合作企业所在的行业以及其核心产品出发，判断消费者的真实需求以及分析目前痛点。下面是一些具体的分析步骤，供大家参考。此活动主要训练的职业工种为“平台管理员”与“直播销售员”。

第 1 步　分析行业痛点

行业痛点即从客户需求的角度进行分析，调查哪些需求得到了满足，哪些尚未得到满足。这些尚未得到满足的客户需求就是该行业普遍存在的痛点，同时也是产品创新的突破口。

例如：淘宝平台已经解决了在线购物的痛点，但商品质量参差不齐，不好筛选。于是就有了各种类型的“精选平台”（见图 4－14、图 4－15）。

图 4－14

图 4－15

分析行业痛点需要数据基础，从数据中找到更多的趋势和规律，找到行业痛点的根源。

第 2 步　分析产品痛点

从产品的角度出发，在使用具体产品的过程中所产生的一种心理落差，可以解读为这个产品功能和用户的期望产生了差距，这种差距会让用户选择其他的产品，这种差距也是新产品的机会。

例如：怕上火是大部分消费者在吃辣场景中的普遍痛点，而传统的饮料可以解渴但不能去火。于是“怕上火，就喝王老吉”，就很好满足了消费者的具体需求，对凉茶类饮料进行了创新（见图 4－16）。

图 4－16

活动探究

请根据我们对合作企业以及相应行业的了解，梳理出来行业痛点以及产品痛点到《活动探究活页手册》表 28 中。

活动三　设计商家品牌定位

知识要点

品牌定位是企业在市场定位和产品定位的基础上，对特定的品牌在文化取向及个性差异上的商业性决策，它是建立一个与目标市场有关的品牌形象的过程和结果。换言之，即指为某个特定品牌确定一个适当的市场位置，使商品在消费者的心中占领一个特殊的位置。品牌定位的理论来源于全球营销大师杰克·特劳特首创的战略定位。

简单来说，品牌定位的目的就是将企业形象转化为品牌价值，以获得潜在顾客的正确认识。成功的品牌都是以一种始终如一的形式将品牌的功能和消费者的心理需求链接起来的。

换句话说，使商品在消费者的心中占领一个特定的位置，当消费者的某种需求突然产生时，即可想到的品牌。比如吃火锅怕上火，用户就会首先想到“王老吉”。

目前市场上比较主流的定位方式有四种，分别是：产品特点定位、竞争考量定位、目标市场定位与消费情感定位（见图 4－17）。此活动主要训练的职业工种为“平台管理员”和“直播销售员”。

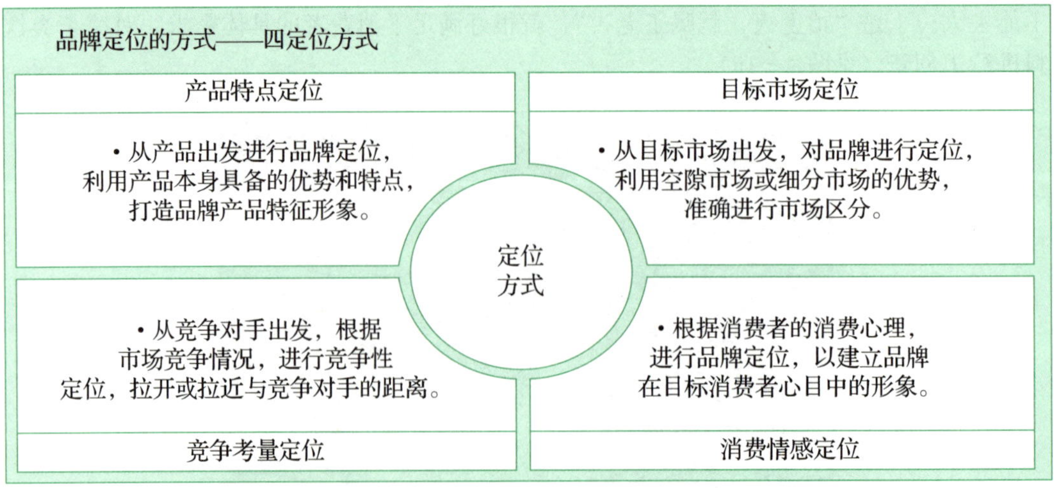

图 4－17

方式 1　产品特点定位

“产品特点定位”，即从产品角度出发，进行品牌定位，利用产品本身具备的优势和特点，打造品牌产品特征形象。

例如，百果园建立了自己的果品标准，将水果按照“四度一味一安全”分为稀有果、招牌级、A 级、B 级、C 级，并按照水果的大、中、小进行分类，不同的等级，采购地、价格、运输、包装和营销上都会有所区别。比如山东红富士苹果，以套装和不套装为标准，可分为水晶富士和普通富士，再按照大、中、小和综合品质 A、B、C 分为 9 个等级，即仅山东红富士就有 18 个等级。产品的价格也会根据不同的分类和等级而变动，比如红富士苹果，最高价 18 元，最低价 3.9 元。具体产品特点定位如图 4－18 所示。

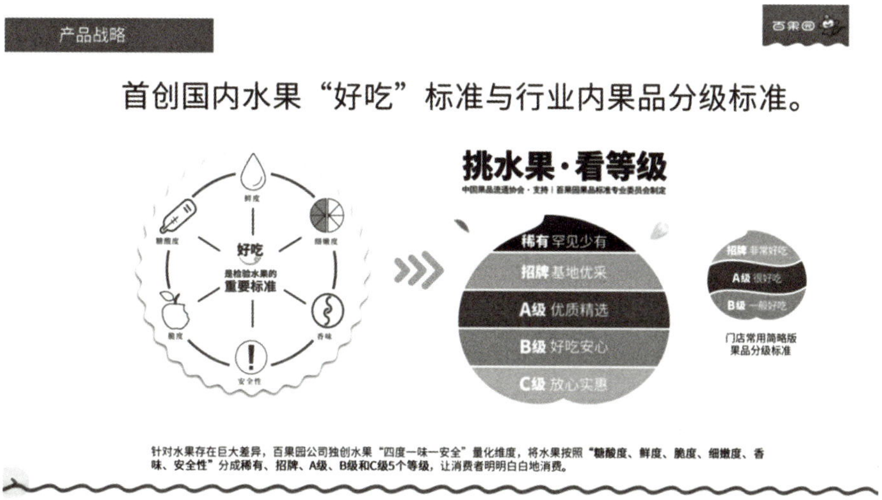

图 4－18

方式 2　竞争考量定位

“竞争考量定位”，即从竞争对手出发，根据进行市场竞争情况，进行竞争性定位，拉开与竞争对手的距离。

例如，百果园就是通过“门店体验＋服务体验＋售后体验”形成自己特有的竞争考量定位的。百果园每家门店的面积一般为 40～60 平方米，平均每个店面会配备 6～7 名员工，根据不同店面的营业情况进行增减。店面装修整体风格以清新的田园风为主，播放田园音乐，陈列架为木材原始纹理，从各个布置细节全面烘托水果绿色天然的特性。门店内水果分门别类、摆放整齐，让消费者能以最快的速度找到所需商品。店中易损耗的水果使用风幕柜保存，同时采用果篮陈列，以少量水果陈列出丰满的效果。此外，店内小个头水果，如苹果、橙子、梨等都由店员精挑细选之后用保鲜膜精心分包装，分包装既便捷又卫生。店内还设有单独操作间，可以做水果切块封包和礼盒等，只需加 1 元加工费，服务员可帮忙将水果切成块并用果盘打包。整洁干净的购物环境、便利周全的服务以及安全高品质的水果，使得百果园从市面上小摊贩以及大型超市中脱颖而出（见图 4－19）。

图 4-19

方式 3　目标市场定位

在市场有一定的销量和知名度的时候，可以从市场出发，对品牌进行重塑或者再次定位，利用空隙市场或者细分市场的优势，准确地进行市场区分。

例如，目前以农贸市场、小摊贩以及中大型超市生鲜专区为主的中低端水果消费市场接近饱和。而百果园目前的主要消费群体为社区或小区中消费能力较强且对水果质量有一定要求的职业白领人群。因此，百果园品牌策划的目标客户群定位于“至少要有一点追求水果品质”的中高端客户以及企业客户，主打牛油果、车厘子等高端水果品种。另外，水果毕竟还是要大众消费才有体量，因此百果园水果品牌策划虽定位为中高端消费，但是当前为了抢占市场份额以及增强客户黏性，百果园在产品种类和产品分级等方面也考虑了中低端消费者的需求。具体目标市场定位如图 4-20 所示。

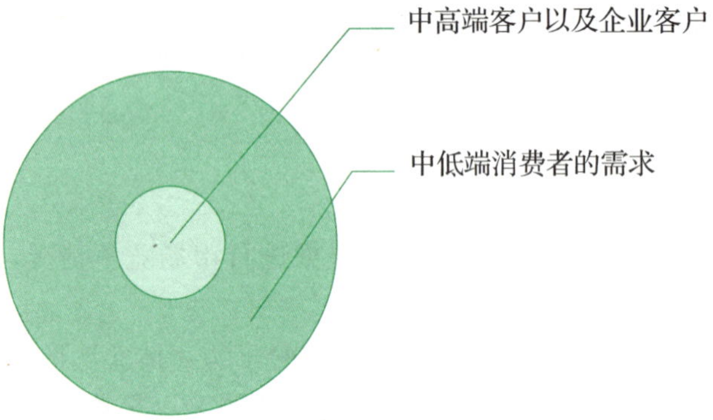

图 4-20

方式 4　消费情感定位

情感营销也可以称为“内容营销”，而内容营销包含短视频、图文等，目前已经成为众多品牌的“标配”。

例如，在众多户外运动服饰装备品牌中，各品牌在专注产品研发、设计与创新工艺的同时，利用用户的情感进行宣传突破。如 CAMEL 骆驼品牌通过“用户情感切入”的方式，定位自己的群体和目标场景，利用媒介内容营销手段快速吸引垂直用户的关注，如图 4-21、图 4-22 所示。

图 4-21

图 4-22

活动探索

请尝试为合作企业进行品牌定位设计，并将设计内容填入《活动探究活页手册》表29中。

任务二 直播营销活动主题设计

任务说明书

任务名称	直播营销活动主题设计
任务情境	在一份完整的直播营销策划案中，除了需要帮助合作企业构建清晰的品牌定位设计之外，还需要针对即将开展的直播带货活动建立“直播主题”。一个吸引人的优秀主题是直播活动不可或缺的，因此如何确立直播主题，吸引用户观看直播是直播营销中很关键的一个步骤。俗话说，“好的开头是成功的一半”，选好直播的主题也是如此。 下面，让我们一起帮助合作企业构建一个优秀的直播营销活动主题吧！
任务目标	● 通过直播管理后台完成粉丝画像分析； ● 通过直播管理后台完成消费行为分析； ● 设计符合商家品牌定位的直播营销活动主题。

续表

任务名称	直播营销活动主题设计	
任务分析	问题	分析
	粉丝画像分析应该重点分析哪些内容？	
	消费行为分析应该重点分析哪些内容？	
	应该如何设计直播营销活动主题？	
	如何让企业更好地认同我们的设计主题？	

活动一　分析粉丝画像

知识要点

粉丝画像，其实就是根据粉丝属性、粉丝习惯、粉丝偏好、粉丝行为等信息而抽象描述出来的标签化粉丝模型。简单来说就是给粉丝打标签，通过这些高度概括的标签，可以更好地认识粉丝、了解粉丝、理解粉丝。

粉丝画像的应用场景有：

1. 人群分析。是用户画像最基础的应用场景之一，运营人员可借助标签深入分析不同用户画像群体的分布特征，或是不同人群的消费习惯、消费偏好，不同地域的差异分析，等等，继而基于画像标签产出分析报告，帮助品牌运营人员更加了解行业动态。

2. 广告优化。用户画像可谓是优化营销推广的利器之一，不仅可以圈选定位更准确的人群，同时也为素材文案、广告创意提供更具体的撰写方向，做到精准且有效的投放。

3. 精细化消费者运营。当品牌能够准确构建用户画像时，就可以开展精细化运营了。运营人员可以通过快速分析用户特征，找到不同运营场景下的目标用户，从而精准圈定目标人群，进行更灵活、更有针对性的营销活动和个性化消息推送。

在互联网平台做直播卖货和在传统电视购物频道卖货的一个很大区别，就是粉丝可控化和数据可视化。我们能够通过数据的方式来衡量直播的效果。

现在，很多的直播平台所提供的后台管理端都会有一个关于粉丝的数据分析功能，而其中的一个关键数据就是粉丝画像。

通过从不同的角度对粉丝数据进行分析，就可以给粉丝建立标签了。标签可分为静态标签和动态标签，比如粉丝的基本信息一般都是静态的，这些信息一般体现为粉丝注册个人信息时的相关信息，例如性别、年龄、爱好等。但是粉丝的心理、态度、行为等，则是动态的，所以给粉丝建立标签时，要从静态和动态两个方面去考虑。

下面，我们将会以某款具有代表性的企业直播平台为例（微盟直播平台），演示如何通过直播平台完成粉丝画像分析，其他直播平台操作流程可自行探索。此活动主要训练的职业工种为“平台管理员”。

第 1 步：打开 PC 端浏览器，通过商家账号登录微盟直播平台管理后台端（见图 4－23）。

图 4－23

第 2 步：点击管理后台左侧的“数据”功能导航，进入微盟 BI 页面（见图 4－24）。

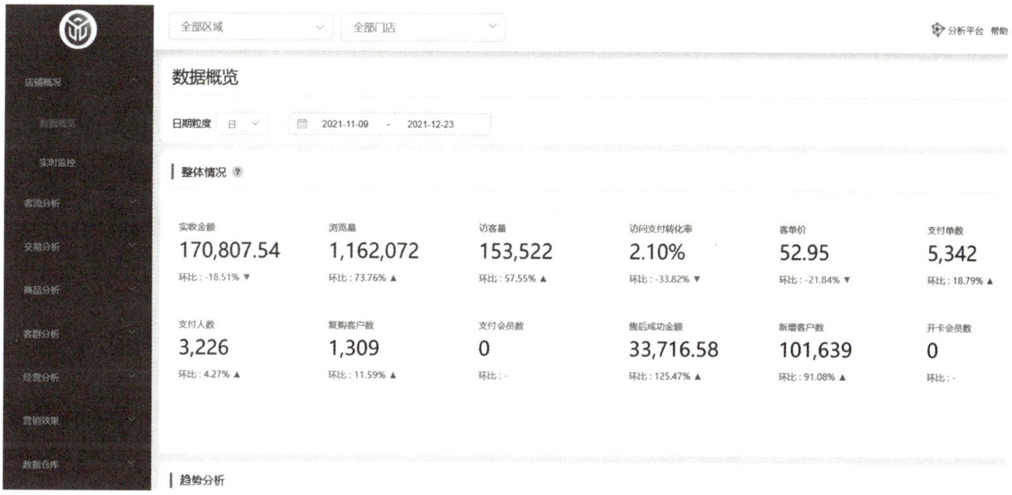

图 4－24

第 3 步：点击微盟 BI 左侧的“客群分析”功能导航，即可展开此功能模块下面的子功能列表，分别为“客户总览”“客户分析”“客群画像”“会员分析”“忠诚度”“储值消费”（见图 4－25）。

图 4－25

第 4 步：在“客户总览”页中，可以看到客户来源的分布情况与成为客户时长分布情况（见图 4－26）。

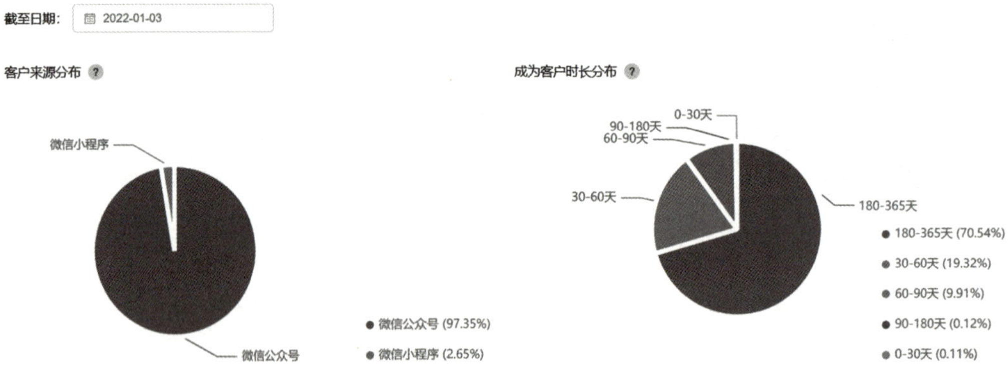

图 4－26

第 5 步：在“客户分析”页中，可以看到新客访问来源场景分析、拉新趋势分析等情况（见图 4－27）。

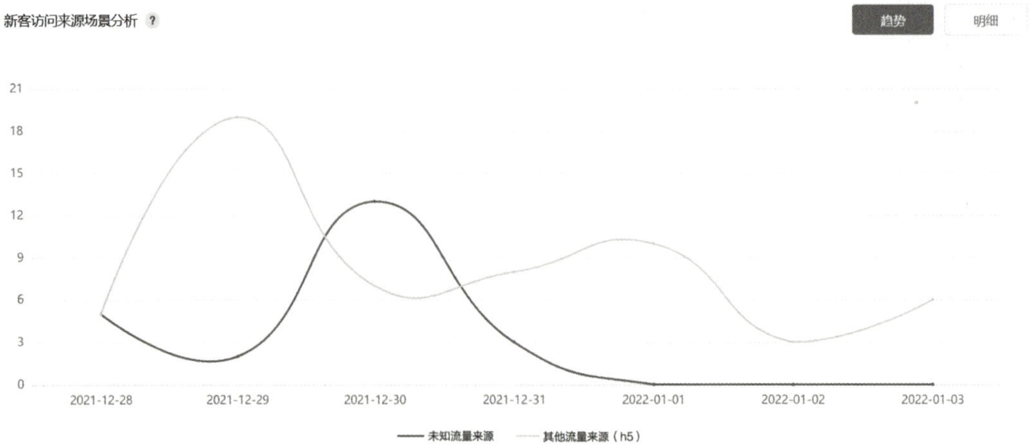

图 4－27

第 6 步：在“客群画像”页中，可以看到客户来源渠道分布、客户访问区域分布等情况（见图 4-28、图 4-29）。

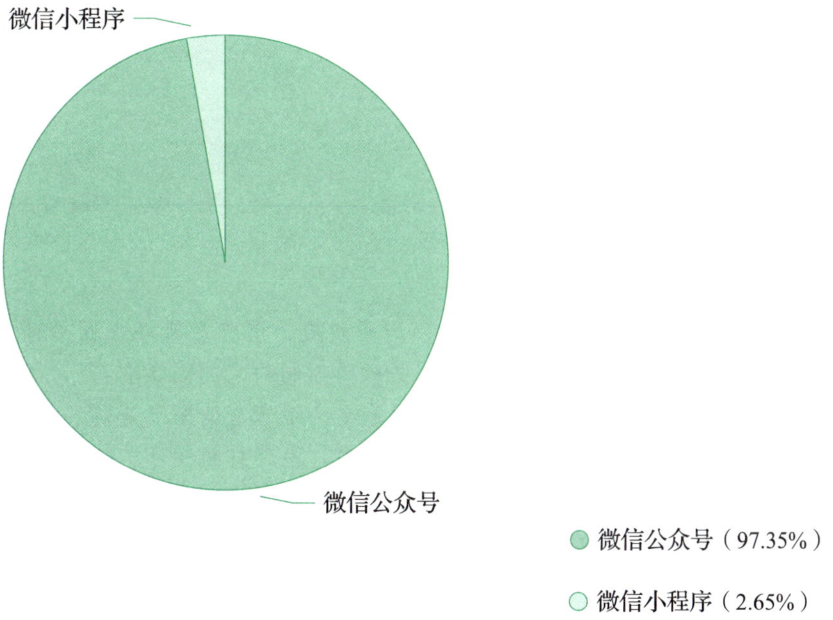

图 4-28

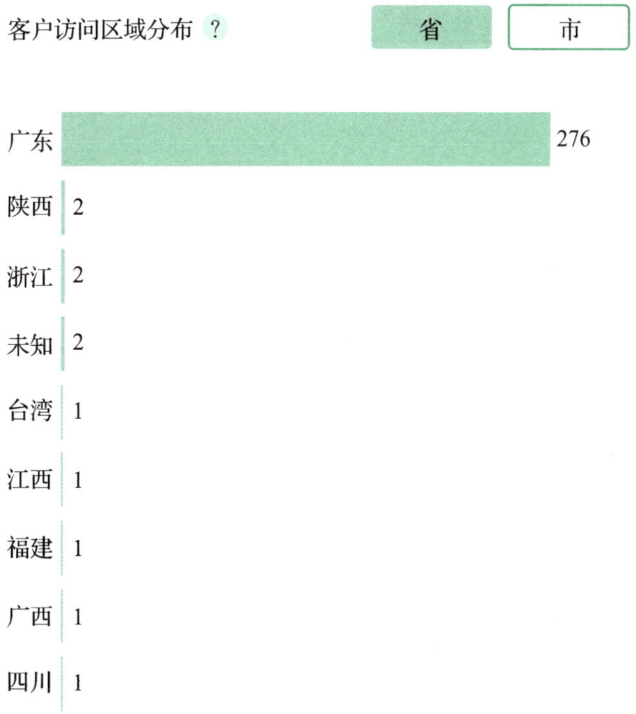

图 4-29

通过以上这些数据面板提供的信息，可以为粉丝画像分析提供一定程度的参考价值。

例如，客户的访问区域分布主要是在广东省，在设计直播活动主题的时候就可以有针对性地设计适合广东省粉丝的活动内容，如“荔枝飘香助农直播”。而假如把活动主题设计为“冬日皮衣暖心季直播专场”，就未必适合广东省粉丝群体特性需求。

活动二 分析消费行为

知识要点

用户消费行为是指消费者的需求心理、购买动机、消费意愿等方面心理的与现实诸表现的总和。其最主要的行为表现是：购买行为。制约它的因素有：

（1）需要。包括生理的、社会的和心理的需要。消费者的需要是购买的直接动因。

（2）可支配收入水平和商品价格水平。一般来说，消费总额和可支配收入水平是向同一方向变化的。但就某一具体商品来说，可支配收入水平的提高并不一定意味着消费量的增加。例如，随着可支配收入水平的提高，对某些中、高档商品的购买和消费量会增加，而对低档商品的购买和消费量则会减少。商品价格对消费者的购买动机有直接影响。

（3）商品本身的特征及商品的购买、保养和维修条件。如商品的性能、质量、外型、包装等，商店的位置、服务态度等购买条件，以及商品的保养和维修条件等，都能在不同程度上诱发影响消费者的购买行为。

（4）社会环境的影响。消费者的需要，尤其是社会、心理的需要，受这种影响而变化的可能性更大。

分析用户消费行为是了解用户很重要的一部分，需要从数据挖掘的角度出发，分析数据中隐藏的用户行为特征和用户兴趣偏好，提高服务质量，提升用户感知，打造企业的核心竞争力。

现在很多直播平台所提供的后台管理端都会有关于用户消费行为分析的功能。下面，我们以某款具有代表性的企业直播平台为例（微盟直播平台），演示如何通过直播平台完成用户消费行为分析，其他直播平台操作流程可自行探索。此活动主要训练的职业工种为“平台管理员”。

第 1 步：点击微盟 BI 左侧的“店铺概况”功能导航，即可展开此功能模块下面的子功能列表，分别为“数据概览”“实时监控”。点击“数据概览”功能后可以选择监控的日期粒度（日、周、月）以及日期范围，根据你所选择的日期范围会动态展示“整体情况”（见图 4－30）。在“整体情况”面板中需要重点分析“访问支付转化率”“客单价”“支付单数”“支付人数”“复购客户数”等相关用户消费行为信息。

第 2 步：在页面下方的“转化”面板中（见图 4－31），可以重点分析“商品访问 TOP5”“商品加购件数 TOP5”“商品支付件数 TOP5”“商品应收金额 TOP5”等不同的数据。

第 3 步：在页面下方的“流量”面板中（见图 4－32），可以重点分析“一级渠道访客占比”“热搜词”“访问来源 TOP5”等不同的数据。

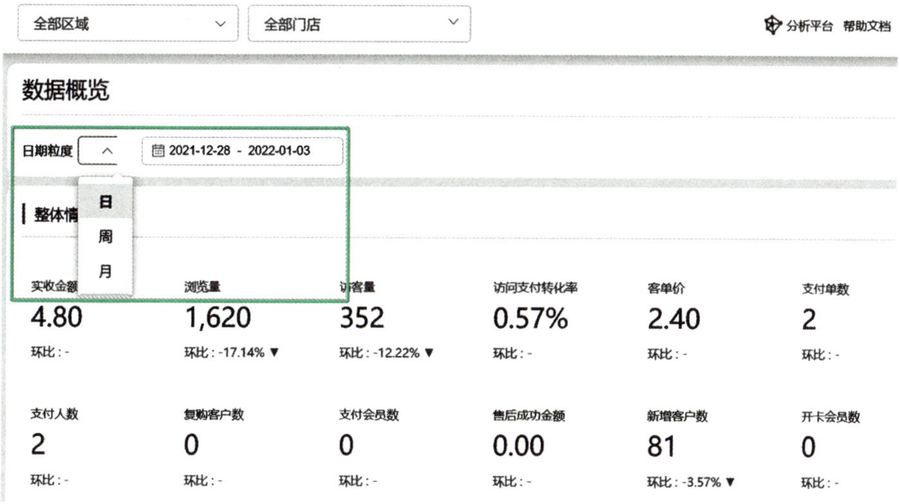

图 4－30

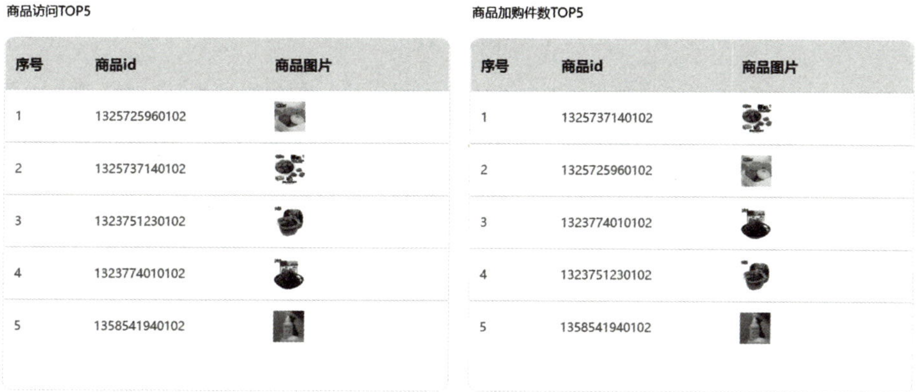

图 4－31

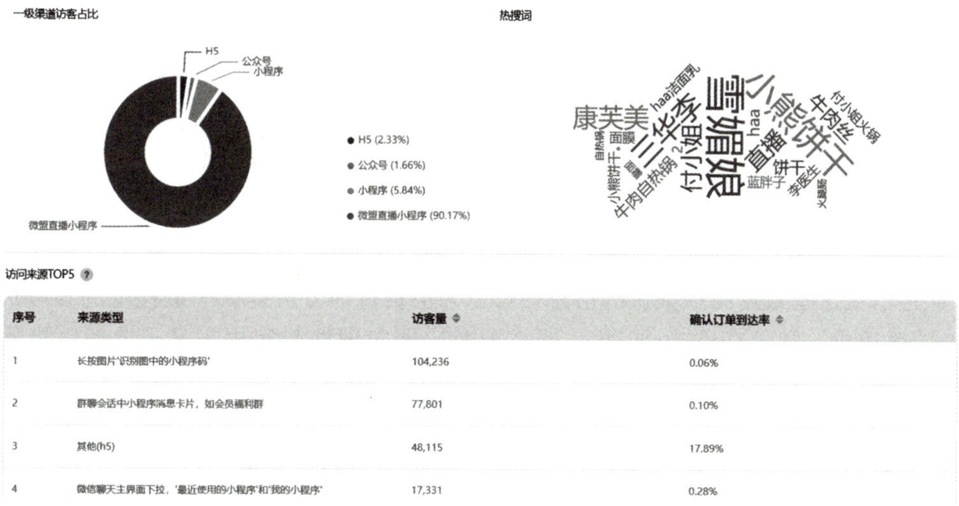

图 4－32

第 4 步：在页面下方的“客单”面板中（见图 4 - 33），可以重点分析“人均支付件数分布”“客单价”“人均支付件数”“连带率”等不同的数据。

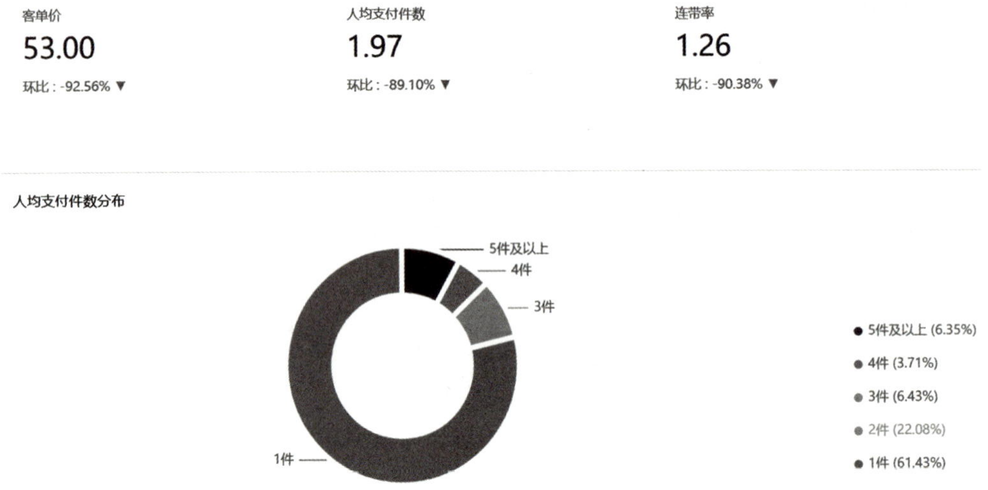

图 4 - 33

第 5 步：在页面下方的“客户”面板中（见图 4 - 34），可以重点分析“新增客户数”“支付会员人数分布”“支付会员应收金额分布”“支付新老人数分布”等不同的数据。

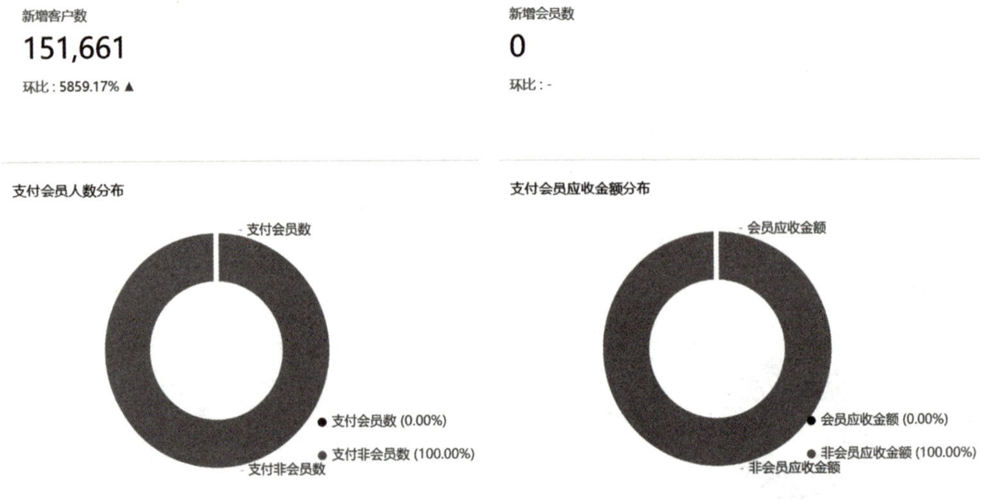

图 4 - 34

通过以上这些数据面板提供的信息，可以为消费行为分析提供一定程度的参考价值。例如，“客单价”数值在 50～80 元，即代表客户偏向理性与实用主义，选择销售低价、高性价比商品应能更好地满足粉丝需求，而假如选择销售高价或奢侈品就未必有太多的粉丝关注与支持。

注意，本任务活动一、二仅用于启发各位同学如何通过直播平台的后台管理功能完成用户数据分析操作，实际操作过程中会受到所选择的直播平台以及实际销售情况而导致结果差异。

活动三 设计活动主题

知识要点

直播主题要写简短的标题，把关键词写在标题的最前面，让人一眼就关注到。同时标题不宜过长，因为太长的标题不能全部显示在页面，也无法突出重点。

常见的直播主题设计方式有：产品特点设计法、用户角度设计法、热点设计法，后续内容会举例给大家介绍。

结合前面两个活动的学习，应该对自己粉丝群用户特性有了比较清晰的认知。下面，需要结合上述两个活动的学习成果设计出具有吸引力的直播营销活动主题。“好的开头是成功的一半”，一个吸引人的优秀主题是直播宣传不可或缺的，因此如何确立直播主题，吸引用户观看直播是直播营销中非常关键的一个步骤。以下是一个优秀的活动主题设计（见图 4－35）。

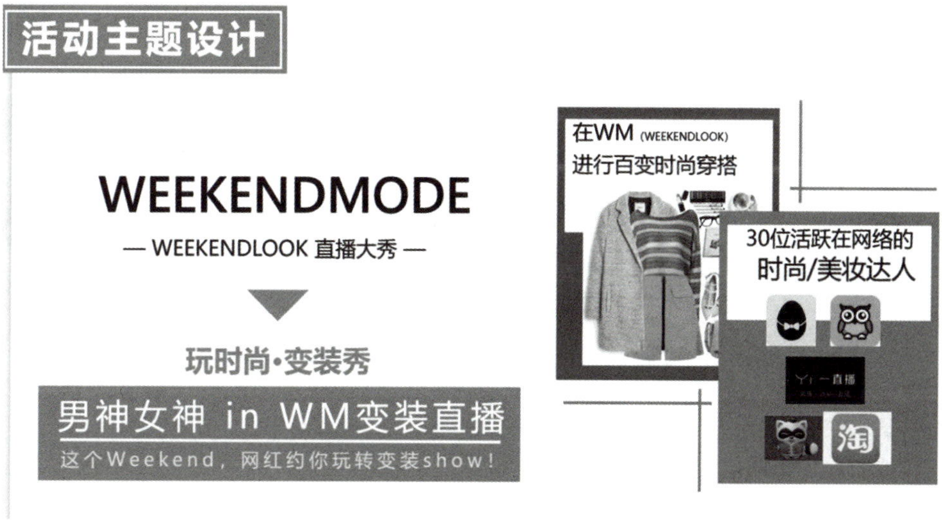

图 4－35

下面介绍三种常见的直播主题设计方式以供大家参考。此活动主要训练的职业工种为“平台管理员”与“直播销售员”。

方式 1　产品特点设计法

在策划直播主题时，可以从自身产品的特点出发，结合其他店家的特点来突出自己的优势，或者直接在直播过程中分享一些实用的知识和技巧。这样，用户就会对店家产生好感，最终成为店家的铁杆粉丝。例如，淘宝直播有一个全球创意品牌店，专门销售各种创意用品。在这个商家的直播中，不仅有产品的直播展示，而且还会告诉用户怎样选择适合自己的产品，让用户购物的同时还学到了不少的知识。

同时，商家在设计直播主题的时候需要有一定的技巧性。例如，“小包包大智慧，爱美旅行季直播专场”，很多用户看到这个标题就会觉得这个产品很实用，同时也有效地抓住了女性的爱美心理，拉近用户与店家的距离。

方式 2　用户角度设计法

现在关于潮流和美妆的直播比较受欢迎，因为直播的受众大多都是年轻群体，对于时尚，有自己独特的追求，比如“清新夏日，甜美时尚减龄”“小个子的逆袭之路”“微胖女孩儿的搭配小技巧”等主题都是用户所喜爱的。关于美妆的直播，更是受到广大女性用户的热烈追捧。

从用户角度设计标题，最重要的是了解用户究竟喜欢什么，对什么感兴趣，迎合用户的口味。

另外，让用户自己投票选择主题也是体现从用户角度介入的一个点。一般的直播都是主播决定主题，然后直接把内容呈现给用户，而从迎合用户的角度来看，商家可以在微信公众号、微博等社交软件发起投票活动，让用户选择自己喜爱的主题（见图 4－36）。

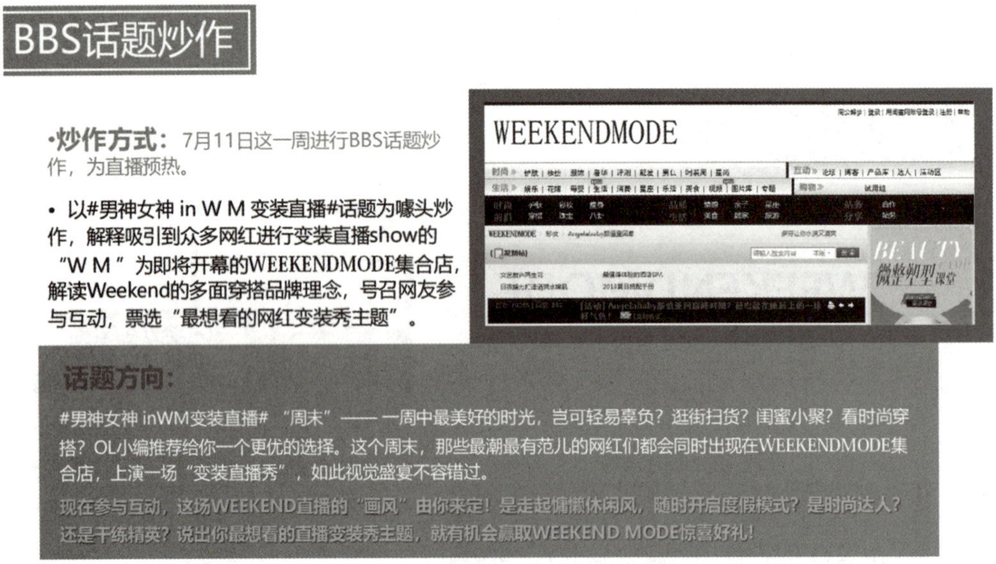

图 4－36

方式 3　热点设计法

在互联网发展得无比迅速的时代，热点就代表了流量。因此，及时抓住时代热点，是做营销的不二选择。在这一点上，企业要注意的就是抢占先机，迅速出击。

如果一个服装设计师想要设计出一款引领潮流的服装，那他就要对时尚热点具备敏锐眼光和洞察力。确立直播主题也是如此，一定要时刻注意市场趋势的变化，特别是社会热点。

例如，在 2022 年北京冬奥会，除了精彩纷呈的赛事，冬奥会的吉祥物冰墩墩也成为大众宠儿，凭借可爱的形象，多次火上热搜。作为“世界团宠”的冰墩墩火得“一塌糊涂”——火速售罄，“一墩难求”。爱而不得的网友们全网喊话，“强烈要求一户一墩”！而伊利作为北京冬奥会的官方合作伙伴，在大家都很难买到冰墩墩的情况下，在抖音直播间送冰墩墩，引起关注，百万用户一下子涌入直播间，为了能抽中冰墩墩疯狂点赞（见图 4－37）。

图 4－37

活动探究

结合所学的知识，帮助合作企业设计三个不同方向的直播活动主题，填入《活动探究活页手册》表 30 中。

任务三 直播产品组合设计

任务说明书

任务名称	直播产品组合设计	
任务情境	经过两个任务的训练，我们已经完成了“品牌定位”与“活动主题”设计工作。合作企业希望我们能根据“品牌介绍 PPT”与“销售数据源工作表”，选出最优的直播产品组合，以更好地服务直播客户群，提升企业销售业绩。 下面，让我们一起完成本次任务吧！	
任务目标	● 通过直播管理后台完成商家销售数据分析； ● 根据商家销售数据分析结果完成直播产品组合设计； ● 为直播产品组合设计具有吸引力的促销方案。	
任务分析	问题	分析
	商家销售数据分析应该重点分析哪些内容?	
	直播产品组合应该包含哪些产品类型?	
	如何设计具有吸引力的商品促销方案?	
	如何让企业更好地认同我们的直播产品组合?	

活动一 分析商家销售数据

知识要点

销售数据分析是一种基于大数据技术的数据分析方法，其目的是通过对销售数据的收集、整理和分析，帮助企业制定更精准的市场营销战略，提高销售业绩。主要分析以下几个方面：

1. 销售趋势分析

销售趋势分析是通过对历史销售数据的分析，来研究产品销售的趋势和变化，以便在未来的销售活动中进行调整和优化，从而提高销售业绩。

2. 销售额分析

销售额分析是通过对销售数据的统计和分析，来研究产品的销售额及其组成，以便制定更合理的销售策略，提高销售效率。

3. 客户分析

客户分析是通过对销售数据中客户的信息进行细致分析，在客户消费行为、购买力、消费偏好等方面做出科学的预测和判断，以优化营销战略。

4. 产品分析

产品分析是通过对销售数据中产品信息的统计和分析，来找出热销的产品和滞销的产品，以及产品的特性和消费者的需求，从而为制定合理的产品营销策略提供依据。

5. 销售渠道分析

销售渠道分析是通过对销售数据中渠道信息的统计和分析，来确定哪些渠道是适合本企业的销售路径，哪些渠道可以取得更大的效益，并对销售渠道的选择和管理进行优化。

销售数据分析是对企业销售情况进行深入分析的过程，通过对数据的分析找出关键问题，并提出相应的解决方案，从而制定更合理、更精确的营销策略，提高销售业绩。因此，学会将销售数据分析应用到实际营销中，是现代企业不可或缺的管理手段之一。

在进行商家销售数据分析之前，让我们先回顾一下三种常见的直播间产品类型，分别为引流款、热门款、利润款（见表 4－4）。

表 4－4

类别	使用场景
引流款	通常放在直播开场或预热视频引流来维护直播间的人气和热度，价格要有优势、有吸引力。
热门款	为了解决顾客需求而选择的承托销售量的商品。有些顾客进到直播间，只是为了买畅销商品，所以热门款应该性价比高、销量高，属于大众款。
利润款	顾名思义是为了获得利润，这类产品普遍价格高、质量好。

掌握了三种产品类型的特点，就可以更好地帮助合作企业进行选品了。选品不是乱选，不是凭自己的感受，也不是听别人说某某产品很好，等等。从大方向的逻辑上看，可以采用以下两种选品判断依据。此活动主要训练的职业工种为“平台管理员”“选品员”“直播销售员”。

依据 1 外部数据分析法

我们可以通过蝉妈妈等数据分析平台开展外部数据分析，通过数据平台查看不同类型产品的销售数据以及整个大盘数据，可以重点关注日榜、周榜、月榜销售排名以及达人带货榜等（见图 4－38）。

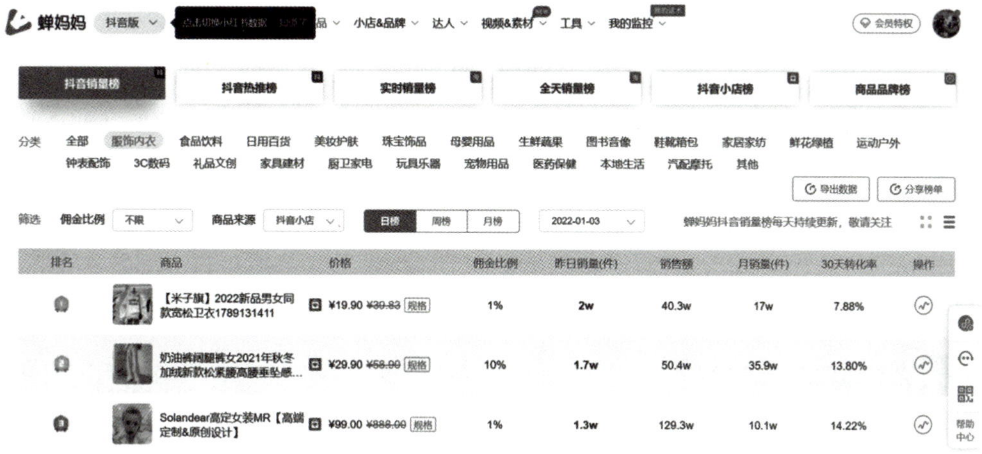

图 4－38

例如，我们想以“网红零食”作为热门款的重点销售商品，可以通过下面的步骤开展数据分析，判断我们主推的网红零食是否具备市场竞争力。

第 1 步：进入抖音分析平台。在蝉妈妈首页顶部点击“抖音分析平台”功能项，即可进入抖音分析平台后台管理界面（见图 4－39）。

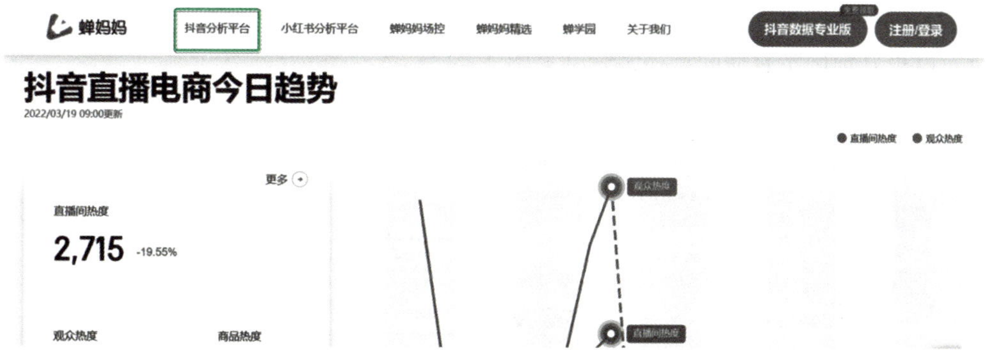

图 4－39

第 2 步：使用商品查询功能。在抖音分析平台后台管理界面中点击“商品”功能项。在商品搜索框中输入我们想进行数据分析的商品关键字后点击查询按钮即可（见图 4－40）。注意，此操作需要先完成蝉妈妈平台登录。

图 4-40

第 3 步：获得数据查询结果。根据数据查询结果，关注商品“价格”“佣金比例”“总销量”“直播销量”“视频销量”“关联达人”等数据（见图 4-41）。

图 4-41

第 4 步：对具体商品开展数据分析。在数据查询结果中找到我们希望对标的商品，点击商品图标后即可进入“商品分析”页面。我们可以针对关心的数据指标开展一系列分析，以更好地确定直播间产品组合（见图 4-42）。

图 4-42

依据 2 内部数据分析法

根据商家提供的阶段性销售数据进行数据分析，判断在此阶段内商家所销售商品的引流款、热门款、利润款情况，同时结合外部数据分析法进行综合评估，选出最合适进行直播带货的产品组合。

数据分析公式参见表 4-2。

活动探究

请根据商家提供的“销售数据源工作表”，结合给出的数据分析公式，完成《活动探究活页手册》表 31。

活动二 确定直播产品组合

知识要点

整场直播可相对独立的直播时段：预热时段、带货时段、秒杀时段。

预热时段：在直播开始时进行预热，预热时长控制在 20～30 分钟。通过秒杀款、引流款、福利款聚人气。每款介绍 1～2 分钟，总共发放 10 款产品，带领大家开开心心捡便宜，做好直播间氛围，树立好主播人设，为后期带利润款做好铺垫。

带货时段：每段带货时长控制在 60 分钟左右，讲解 7 个高性价比的利润款产品，每款产品介绍时长 5～10 分钟。

秒杀时段：紧跟在每一段带货时段之后，时长控制在 5～10 分钟。通过秒杀款或流量款拉人气，树人设。在此期间上 3～5 个秒杀款产品，每款产品介绍 1～2 分钟。

通过活动一的训练，我们已经分析出商家的最高销量单品（爆款）、最佳利润单品（利润款）、最低单价款（引流款）。请注意，此算法公式只是用于确定每一个产品类型的最优商品，但在实际直播运营过程中，我们可以根据算法公式进行结果排序，判断出此产品类型最优的几款商品，这样就可以形成比较丰富的直播产品组合了（见图 4-43）。此活动主要训练的职业工种为“平台管理员”“选品员”“直播销售员”。

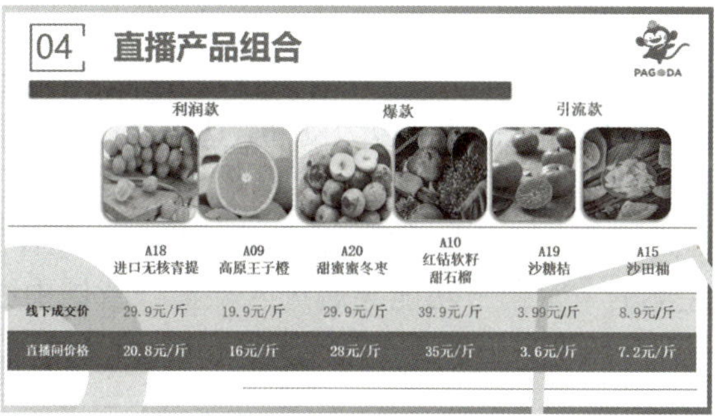

图 4-43

活动探究

根据商家提供的“品牌介绍 PPT”与“销售数据源工作表”，结合下面的活动要求，将分析结果填入《活动探究活页手册》表 32 中。

活动要求：

（1）结合活动一数据分析公式，分别从“引流款”“爆款”“利润款”分类商品中各挑选排名前两名的商品最终组成六款商品作为此次直播带货的产品组合。六款商品皆需展示“线下成交价”与“直播间价格”。

（2）“引流款”“爆款”“利润款”分类商品的直播间价格分别为“商品成本价×1.2、1.4、1.6”。

（3）需要挖掘出各款商品不少于三样的卖点关键字。

活动三　确定直播促销方案

知识要点

直播平台常见的店铺促销形式，包括“优惠券”“限时折扣”“满减满扣”“N 元 N 件”“优惠套装”“满赠”“加价购”“第×件×折”等。

通常海报中的行为召唤元素包含了“商家 LOGO”“商家品牌信息”“直播活动主题”“活动规则”“活动期限”“福利优惠”“商品大图”“二维码展示”等模块。

对于直播间粉丝来说，价格的高低即意味着他们要从兜里掏多少金钱，因此没有什么东西能比价格更让他们敏感的了。那么如何让粉丝感受到这份钱花得“更值”，这就是直播间“定价”与“促销”策略。

关于直播间商品定价策略，可以参考项目一“直播前活动策划”中的“设定直播商品价格”活动内容，在此不做重复介绍。此活动我们重点介绍如何实现促销方案的前（活动海报）、后（店铺促销）端联动，主要训练的职业工种为“平台管理员”与“直播销售员”。

第 1 步　店铺促销设置

下面以某款具有代表性的企业直播平台为例（微盟直播平台），演示如何通过直播平台完成店铺促销方案设置。

1. 打开 PC 端浏览器，通过商家账号登录微盟直播平台管理后台端（见图 4－44）。

2. 点击管理后台左侧的“营销”功能导航进入微盟“营销中心”，即可以看到“店铺促销”面板中存在的促销组件（见图 4－45）。

图 4-44

图 4-45

3. 例如我们想使用“N 元 N 件”促销方案，点击“N 元 N 件”即可进入操作界面。然后点击“新建活动”按钮，即可进入“N 元 N 件”设置页面（见图 4-46）。在此页面中，我们可以设置活动的名称、活动时间、活动规则（N 元 N 件）、每人参与的次数以及最重要的此促销方案对应的适用商品。设置完成后，点击确定按钮即可。其他促销方案可自行探索。

图 4 - 46

第 2 步　活动海报设计

除了设置好店铺促销后台功能之外，活动海报的设计也至关重要。每一张目的明确的海报，都需要能够在某些方面触及用户，这样才能最终产生转化率。因此，行为召唤元素的使用就显得尤为重要了。

将二维码作为快速打开特定服务、链接、功能的入口，能够带来更多的可能性，也有可能提升转化率。而在整个海报中，福利优惠等促销信息也是重要的组成部分，我们应该将福利方案在海报的醒目位置进行展示，以吸引更多的粉丝关注直播活动。下面提供一些活动海报图供大家参考，应重点留意促销信息在整个海报中的具体表现形式与呈现位置（见图 4 - 47、图 4 - 48）。

图 4 - 47

图 4 - 48

活动探究

根据商家提供的“品牌介绍 PPT”与“销售数据源工作表”，结合下面的活动要求，完成活动海报图的设计与制作。

1. 要求为“百果园”商家设计一个“2024 年五一大促海报”。活动主题应能体现“把乡村带回家”元素。

2. 活动期限要求：2024 年 5 月 1 日—2024 年 5 月 2 日。

3. 活动规则要求：首次加入“百果园”福利群，最高可获 25 元食材券包；活动具体城市为广东省内。

4. 福利优惠要求：需体现下列三种优惠政策，即“满 99 元－10 元，首单立减 10 元，充 1 000 送 180”。

5. 商家 LOGO 要求：需将“百果园”商标与“把乡村带回家”文字展示于“活动海报图”中，表现为“百果园”商标 | “把乡村带回家”艺术字组合形式。

6. 商家品牌信息要求：需将“百果园五一把乡村带回家直播活动，优选高品质和高性价比的生鲜食品，并承诺所有商品不好就退”商家品牌信息内容展示于“活动海报图”中。

7. 商品展示要求：需将经过数据分析选出的最优两款“爆款”、两款“引流款”共四款商品展示于“活动海报图”中，每款商品皆应展示其卖点与直播间价格。

8. 二维码展示要求：需将“百果园微信公众号”与“百果园 App”二维码合理展示于“活动海报图”中。

任务四 直播营销活动整体规划

任务说明书

任务名称	直播营销活动整体规划
任务情境	完成了“品牌定位设计”“直播营销活动主题设计”“直播产品组合设计”三个任务的学习，应该对直播营销策划案有了一定程度的了解。 下面，我们将要完成策划案中的一个关键部分“直播营销活动整体规划”。“直播营销活动整体规划”的主要意义就是系统性地规划整个直播活动的前、中、后流程，帮助商家更好地理解整个直播活动的执行实施过程，以便更好地投入人力物力资源，保障活动的顺利实施。而这部分，也会是我们是否能顺利打动合作企业与我们建立合作的一个重要因素。
任务目标	● 如何设计一个合理的直播活动整体规划； ● 如何细化预热期的具体活动，确保粉丝引流与活动宣传效果； ● 如何细化直播期的具体活动，确保活动的顺利实施； ● 如何细化热度延续期的具体活动，确保活动热度得到持续。

续表

任务名称	直播营销活动整体规划	
任务分析	问题	分析
	直播活动整体规划应该重点包含哪些内容？	
	预热期的关注点是什么？	
	直播期的关注点是什么？	
	热度延续期的关注点是什么？	

活动一　整体规划直播活动

知识要点

对于整体规划直播活动，可以设计一页 PPT 进行整体规划说明，主要包括活动主题、过程时间轴、过程概述、具体活动内容、营销渠道等内容。

一个完整的直播活动一般由“直播前活动策划”“直播过程实施”“直播后工作安排”三大阶段所组成，是一个比较复杂的实施过程。

为了让商家更直观地了解直播活动的实施周期、实施内容、实施步骤等信息，我们可以在直播营销策划案 PPT 里面单独设计一页进行整体规划说明。下面，以某营销策划案为例进行演示（见图 4－49）。此活动主要训练的职业工种为“平台管理员”与“直播销售员”。

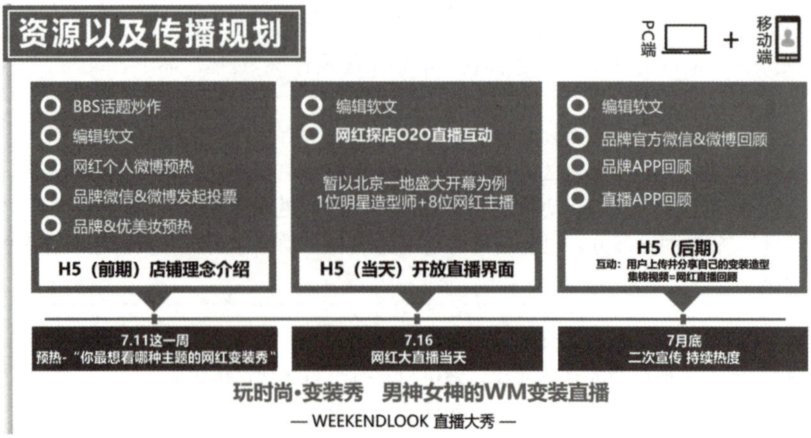

图 4－49

在此案例中，营销策划人员在 PPT 中展示了“活动主题”“过程时间轴”“过程概述”“具体活动内容”“营销渠道”五部分内容（见表 4－5）。

表 4－5

模块	具体内容
活动主题	即本次直播营销活动的活动主题名称，具体设计思路请参考“活动主题设计”活动中的相关介绍。在此案例中活动主题为“玩时尚·变装秀 男神女神的 WM 变装直播”。
过程时间轴	即本次直播营销活动的关键实施节点，一般情况下，需要描述直播前（预热期）、直播中（活动当天）、直播后（热度延续期）三个阶段的具体实施日期。而预热期和热度延续期的实施长度一般会视商家的资金预算以及销售目标预期而定。
过程概述	即针对过程中的每一个阶段作用与意义进行概括性描述。在此案例中“7.11 这一周”的作用为“预热——你最想看哪种主题的网红变装秀”。
具体活动内容	即针对过程中的每一个阶段所需实施的具体活动进行概括性描述。在此案例中“7.11 这一周”具体活动内容包括了“BBS 话题炒作”“编辑软文”等。
营销渠道	即直播营销活动的推广渠道，一般可以采用线上线下相结合的方式加强活动宣传效果，提升销售业绩。

活动探究

根据商家提供的“品牌介绍 PPT”与“销售数据源工作表”，结合下面的活动要求，完成整体规划直播活动 PPT 页的设计（见图 4－50）。

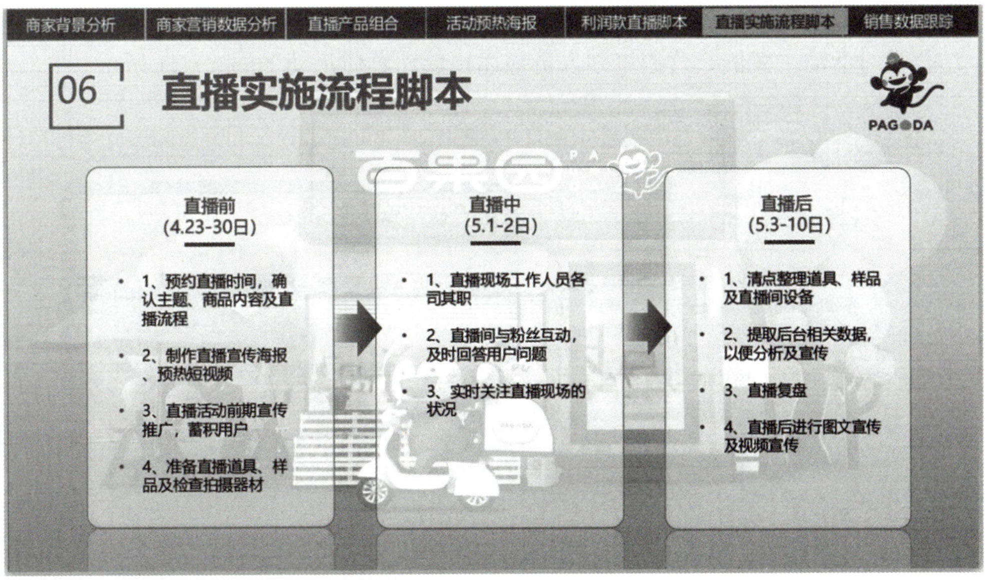

图 4－50

活动要求：

1. 通过自定义表现形式（不仅限于表格）体现“直播前活动策划”“直播过程实施”“直播后工作安排”三大过程设计。

2. “直播前活动策划”：需要标注具体的实施日期，且实施周期不少于 5 天；同时列举不少于三种的直播前活动策划具体事务。

3. “直播过程实施”：需要标注具体的实施日期，且实施周期不少于 2 天；同时列举不少于三种的直播过程实施具体事务。

4. “直播后工作安排”：需要标注具体的实施日期，且实施周期不少于 5 天；同时列举不少于三种的直播后工作安排具体事务。

活动二　预热期具体活动

知识要点

预热期是让目标用户“做好准备”的阶段，其核心目标是在人群中充分传递活动信息、积累购物心智、邀约准时看播，根据不同活动量级，预热期通常为活动前的1～2周。

预热活动的渠道包括：社交媒体平台如微博、微信、抖音、小红书等；自由媒体渠道包括公众号、官网、邮件；线下渠道及社群渠道等。

预热期具体活动是对直播活动整体规划中关于预热期需要实施的一些具体活动所进行的详细说明。需要明确的是，预热期最主要的作用就是为了吸粉引流以及扩大活动宣传效应。所以在预热期具体活动的说明中，应该重点说明如何为商家带来更好的宣传引流效果，这些都是商家最关心的事情。

结合学习活动一案例，营销策划人员描述预热期具体活动如图 4－51 所示。

图 4－51

在图 4－51 中，营销策划人员首先明确了预热期的炒作方式为“7 月 11 日这一周进行 BBS 话题炒作，为直播预热”，同时设计了话题炒作的方向“＃男神女神 in W M 变装直播＃”。为了加强预热效果，营销策划人员利用了微信、微博等新媒体手段，根据平台特点合理配置推广内容，为直播活动全面导流（见图 4－52、图 4－53）。

图 4－52

图 4－53

作为以学生成员为主的直播运营团队，除了借助微博、微信等社交平台推广直播活动外，还可以充分利用院校资源优势，积极发动集体力量关注直播间以及帮助我们进行宣传转发，扩大活动的宣传效应。此活动主要训练的职业工种为“平台管理员”与“直播销售员”。

活动探究

请结合实际情况，为合作企业设计预热期具体活动并将设计内容填入《活动探究活页手册》表 33 中。

活动三　直播期具体活动

知识要点

直播期增加直播互动可以提高品牌知名度和目标用户参与度，一般包括以下互动方法：问答、专家访谈、抽奖活动、投票、互动游戏、分享和点赞、实时聊天、产品演示等。

直播期活动策划内容包括：活动主题与目标、活动时间与流程、产品选择与展示、互动环节设计、促销与优惠策略、技术与设备准备、宣传与推广计划、团队分工与协作、预算与成本控制、风险管理与应对措施等。

直播期具体活动是对直播活动整体规划中关于直播期需要实施的一些具体活动所进行的详细说明。需要明确的是，直播期最主要的工作就是规范化直播流程，确保直播当天的销售效果。所以在直播期具体活动的说明中，应该重点说明活动主题、整场直播流程、上品顺序、福利发布、人员协作等内容，让商家相信我们能够成功地去执行实施一场直播活动。此活动主要训练的职业工种为“平台管理员”与“直播销售员”。

下面分享两个关于直播期具体活动的案例。

案例 1　WEEKEND MODE

见图 4－54 至图 4－58。

图 4－54

图 4－55

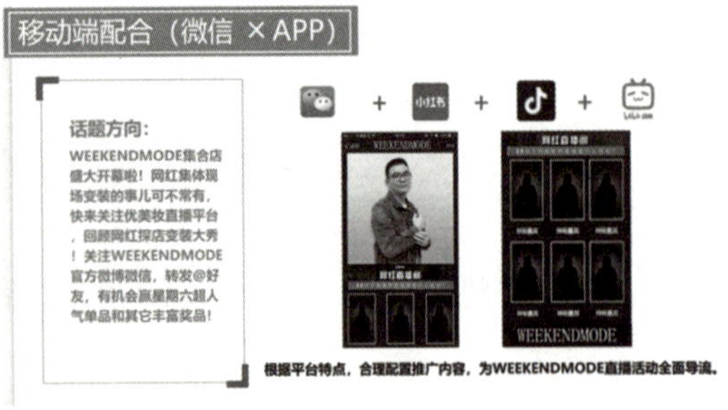

图 4－56

图 4－57

直播当天活动规划

·主题：网红集体现场变装秀，你最爱的是哪种穿搭style?

活动分为主场北京店和全国各地的WEEKENDMODE分店会场，6位男神女神网红主播在北京店参与变装秀，1位主播造型师并携1位男神主播参与点评互动，活动全程由OL大账号和网红个人平台同步直播；以下为北京店OL大账号直播视角。

·当天直播流程：

* 网红&主持开场串讲，欢迎各位网红主播，由Weekend精致生活，多面穿搭的时尚态度，引入WEEKENDMODE直播变装秀活动，讲解规则。（5分钟）

1. "谁最时尚 搭配为王！"（20分钟）

* 给每位女神网红直播1-2个任务卡，任务卡内容：规定时间内，网红按场景主题要求在店内挑选鞋款单品（服饰可事先准备好）进行现场"变装秀"（场景主题如时尚party、日韩人气Girl、国外度假、赴商务会议，去机场等等），完成后网红在店内Catwalk走秀，明星造型师进行专业点评，号召网友在直播互动中评选最爱的"变装"女神。

2. "让TA和你一起化身时尚达人！"（15分钟）

* 介绍男神主播出场，让6位女神主播选择为其中一位挑选时尚单品/ 礼物 （SAT-MEN-J男鞋），由男神评价和挑选最爱的礼物，与女神组CP合影留念。

在OL大号直播互动中获点赞最多的网红赢家能获得部分搭配单品，并有权赠与粉丝做福利。

图 4－58

在这个案例中，营销策划人员通过 5 页 PPT 描述了直播期的具体活动。其中第一页为标题说明，描述直播的具体日期与内容概述。第二页设计了一个炒作话题于直播当天对外发布，扩大宣传效果。第三页继续加强不同移动端的宣传推广。第四页通过网红个人微博加强引流效果。而第五页则对直播当天的活动主题与直播流程进行了一个具体描述。

案例 2　HAA

见图 4－59。

整场直播4小时安排			
直播时间：18:00-22:00　直播主题：《护肤达人》			
时间段	内容	目的	商品介绍
18:00-18:15	讲解今天所要介绍的产品及优惠活动	热场	/
18:15-18:20	领红包、来一波关注	活跃气氛	/
18:20-18:50	关于抗初老的小课堂	引入产品	Haa虾青素玻色因柔润护手霜
18:50-19:20	关于修护的小知识	引导购买	Haa神经酰胺B5多重修护精华液
19:20-19:30	回答评论区顾客问题	解答疑问	/
19:30-20:00	介绍爆款产品的卖点	引导购买	Haa神经酰胺B5多重修护精华液
20:00-20:30	关于卸妆问题讲解	引导购买	Haa虾青素柔和水感卸妆油
20:30-20:40	回答评论区顾客问题	解答疑问	/
20:40-20:45	发红包	活跃气氛	/
20:45-21:15	关于保湿修护锁水的讲解	引导购买	Haa神经酰胺依克多因高保湿小面霜
21:15-21:45	再次讲解以上产品	引导购买	精华液、护手霜、卸妆油、小面霜
21:45-22:00	免单抽奖&明日预告	促单&增粉丝	/

图 4－59　直播期流程安排

在这个案例中，营销策划人员把直播当天的每一项具体内容分拆到不同的时间段中，并且说明了具体的目的以及对应需要讲解的商品。

活动探究

请充分结合两个案例的优点，设计适合商家的直播期具体活动并制作成 PPT 进行展示。

活动四　热度延续期具体活动

知识要点

直播结束并不意味着营销的结束，可以将直播涉及的图片、文字、视频等进行再次包装、加工，通过互联网进行二次传播延续热度，让其抵达未观看现场直播的粉丝，实现直播效果最大化。

直播结束后进行二次传播的方法：

1. 视频剪辑与再创作

选择直播中最精彩的部分进行剪辑，制作成短视频，方便用户在社交平台上分享和转发；还可以在剪辑视频中加入品牌或产品的营销信息，增加产品曝光度。

2. 文字与图片传播

将直播中的内容转化成文字的形式进行传播，选择最有价值的信息点，加以简洁的概括，传达到受众中；也可以将直播中的画面截取成图片，在社交平台、微信群等场景中进行传播，在图片中加入品牌或产品信息，提升曝光率。

3. 利用社交媒体平台

在微博、微信、抖音等社交媒体平台上发布直播回顾、精彩瞬间或幕后花絮，吸引用户关注和分享，利用社交媒体平台的广告投放功能，精准定位目标受众，扩大直播内容的传播范围。

4. 合作与联动

与其他相关领域的关键意见领袖（KOL）或网红进行合作，邀请他们分享直播内容或进行二次创作；也可以与其他品牌或企业进行联动，共同推广直播内容，扩大影响力。

5. 激励观众参与

设置奖励机制，鼓励观众分享直播内容或参与二次创作或举办观众互动活动，如问答、抽奖等，提高观众参与度和黏性。

热度延续期具体活动是对直播活动整体规划中关于热度延续期需要实施的一些具体活动所进行的详细说明。需要明确的是，热度延续期最主要的工作就是对直播活动进行二次传播、维持直播热度、拉升销售效果。所以在热度延续期具体活动的说明中，应该重点说明实现二次传播的方法与工具，让商家相信它们对我们的投入收益不只是直播当天，而是一个持续的过程。此活动主要训练的职业工种为“平台管理员”与

"直播销售员"。

下面分享一个热度延续期具体活动的案例（见图 4-60～图 4-63）。

图 4-60

图 4-61

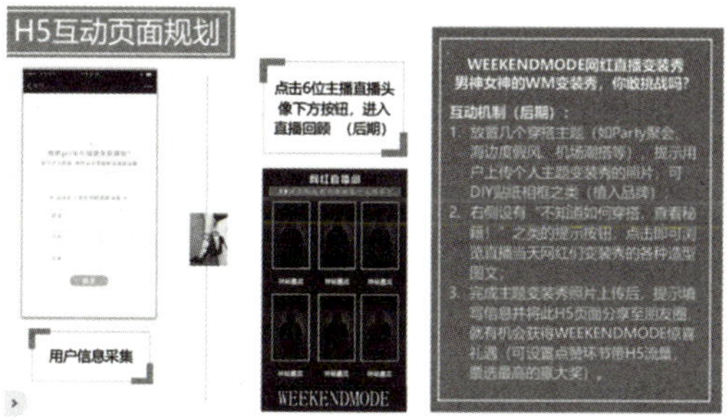

图 4-62

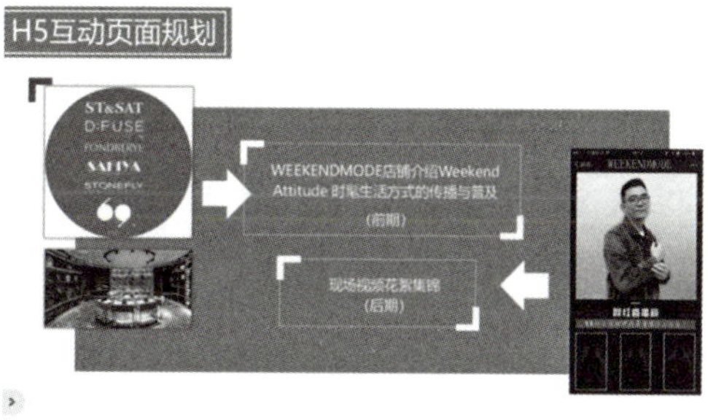

图 4-63

在这个案例中，营销策划人员通过四页 PPT 描述了热度延续期的一些具体活动。其中第一页为标题说明，描述热度延续期的具体日期与意义价值。第二页设计了一个炒作话题于热度延续期间对外发布，扩大宣传效果。第三页继续加强微博二次传播的宣传推广。第四页计划通过 H5 页面把直播间现场视频花絮集锦发布到网络，加强播后与粉丝的互动与黏性。

活动探究

请结合以上案例的优点，设计适合商家的热度延续期具体活动并制作成 PPT 进行展示。

项目检测

一、单选题

1. 在繁多的直播活动中让观众对你的直播间产生关注，必须挖掘出其（　　）。

A. 资源筛选　　B. 活动亮点　　C. 直播目标　　D. 目标人群

2. 下列不属于自定义表现形式的是（　　）。

A. 直播后过程实施　　B. 直播前活动策划

C. 直播后工作安排　　D. 直播过程实施

3. 下列不属于市场上比较主流的定位方式的是（　　）。

A. 产品特点定位　　B. 包装质量定位

C. 目标市场定位　　D. 消费情感定位

4. 下列属于“产品特点设计法”的标题是（　　）。

A. “微胖女孩儿的搭配小技巧”

B. “小个子的逆袭之路”

C. “清新夏日，甜美时尚减龄”

D. “小包包大智慧，爱美旅行季直播专场”

5. （　　）应该性价比高，销量高，属于大众款。

A. 引流款　　B. 爆款　　C. 利润款　　D. 滞销款

二、多选题

1. 进行直播营销策划的时候我们需要（　　）。

A. 资源筛选、选品及排期确定　　B. 确定活动主题

C. 确定目标人群　　D. 确定直播目标

2. PPT 封面制作的要求是（　　）。

A. PPT 封面中的颜色要与直播主题相呼应。

B. 需在 PPT 封面中标识参赛团队工号名称，命名形式为“设计团队- GDGZ 模块二抽签工位号”，真实工作中要对应直播运营团队名称。

C. 主题需采用“商家名称　直播营销策划案”形式命名。

D. 需在 PPT 封面中结合策划案背景设计一个“营销广告语”。

3. 粉丝画像，其实就是根据（　　）等信息而抽象描述出来的标签化粉丝模型。

A. 粉丝属性　　B. 粉丝在线时间

C. 粉丝习惯　　D. 粉丝偏好

4. 利润款直播脚本需要细分出（　　）。

A. “环节”　　B. “时长”　　C. “主讲”　　D. “话术”

5. 常见的直播主题设计方式有（　　）。

A. 产品特点设计法　　B. 用户角度设计法

C. 热点设计法　　D. 产品对比设计法

三、判断题

1. 直播活动主题不仅是一个标题名称，还是带有具体营销目的的一个信息传递方式，用于吸引受众粉丝关注其活动内容，提高转化效果。（　　）

2. 市场竞争调研包括市场需求总量的调研、市场需求构成的调研等。（　　）

3. 毛利最高单品的是爆款。（　　）

4. 品牌定位的目的就是将企业形象转化为品牌价值，以获得潜在顾客的正确认识。（　　）

5. “产品特点定位”，即从产品角度出发，进行品牌定位，利用产品本身具有的优势和特点，打造品牌产品特征形象。（　　）

四、案例分析

公益直播，振兴乡村

2023年10月15日晚，在某贫困乡村实现全面脱贫、步入乡村振兴新阶段之际，某知名直播平台携手当地乡村政府及多家企业，共同策划了一场“乡村振兴，爱心助农”公益直播活动。短短3小时的直播，吸引了超过1 800万人次的观看，极大地促进了当地农产品的销售，为乡村振兴贡献了重要力量。

直播活动涵盖了30余种农产品，其中包括15种由当地农户直接提供的特色农产品，如手工编织的竹篮、有机种植的蔬菜、土蜂蜜等，另外15种则是与知名企业合作，为乡村消费者提供的定制化优惠产品。直播团队精心挑选了这些产品，既体现了乡村特色，又满足了消费者的多样化需求。在直播过程中，主播还特别介绍了每种农产品背后的故事，如农户的辛勤付出、产品的独特之处等，让观众在购物的同时，也能感受到乡村的魅力和温度。

本次直播活动，主播和直播平台均未收取任何费用，所有收益均直接用于支持当地农户和乡村振兴项目。此外，主播还个人捐赠了50万元人民币，用于设立“乡村振兴教育基金”，为乡村的孩子们提供更好的教育资源。

此次直播活动得到了社会各界的广泛关注和好评，网友们纷纷留言表示：“这次活动太有意义了，既买了好产品，又做了好事”，“为乡村点赞，为直播团队点赞”，“希望这样的活动能多举办一些”。

问题：

1. 本次直播营销活动的主题和特色是什么？
2. 请你根据本案例，策划出本次直播营销活动的产品直播促销方案。
3. 从直播团队策划“乡村振兴，爱心助农”公益直播取得巨大成功的案例中，分析本次直播成功的原因，并探讨后期如何延续这一热度，持续推动乡村振兴事业的发展。

参考文献

[1] 蔡勤，李圆圆. 直播营销（慕课版）[M]. 北京：人民邮电出版社，2021.

[2] 王晓明，陈华. 数字直播营销 [M]. 北京：北京理工大学出版社，2021.

[3] 徐骏骅，陈郁青，宋文正. 直播营销与运营 [M]. 北京：人民邮电出版社，2021.

[4] 黄旭强，梅琪，洪文良. 直播运营实务 [M]. 北京：清华大学出版社，2021.

[5] 南京奥派信息产业股份公司. 直播电商运营 [M]. 北京：高等教育出版社，2021.

[6] 邓喆. 政府官员直播"带货"：政务直播+助农的创新发展、风险挑战与长效机制 [J]. 中国行政管理，2020（10）：80－85.

[7] 宋慧春，凌振朝. 东方甄选抖音直播间的传播策略研究 [J]. 科技经济市场，2023（10）：152－154.

[8] 潘文年，李祎雯. 新媒体情境下电商直播对个体消费行为的影响研究：基于淘宝直播的 SOR 模型分析 [J]. 现代传播（中国传媒大学学报），2023，45（10）：132－143.

[9] 屈燕，杨成宝. 短视频与直播运营（山东管理学院）. 学银在线平台线上课程资源（https://www.xueyinonline.com/detail/221600726），2022.

[10] 李巧丹，陶鸿，刘辉辉. 短视频与直播电商运营（中山火炬职业技术学院）. 学银在线平台线上课程资源（https://www.xueyinonline.com/detail/221205898），2022.

[11] 周佳，李泽宇，白雪. 电商直播（广东职业技术学院）. 学银在线平台线上课程资源（https://www.xueyinonline.com/detail/221848677），2022.

[12] 王存. 直播营销与运营（三门峡职业技术学院）. 智慧职教平台省级精品课程资源（https://mooc.icve.com.cn/cms/courseDetails/index.htm? classId=fdfcb45e9e0c4bd6a97df296cbda74b5），2023.

[13] 田颖. 直播电商（宣化科技职业学院）. 智慧职教平台课程资源（https://mooc.icve.com.cn/cms/courseDetails/index.htm?classId=fea79da604074588abf99b061a148020），2022.

[14] 王程程. 直播营销（重庆市北碚职业教育中心）. 智慧职教平台省级精品课程资源（https://mooc.icve.com.cn/cms/courseDetails/index.htm?classId=2d9dc38284874f3082a90dc53c515422），2022.

实电战商 职业教育电子商务专业实战型教材

新编21世纪职业教育精品教材
电子商务类

直播运营实务
活动探究活页手册

主　编　赵美玲　李明电

副主编　梁晶晶　魏　萌　徐　匡
　　　　陈　乔

参　编　何妙佳　杨国富　刘秋红
　　　　刘静静　陈　宪　刘　月

主　审　李浩明

中国人民大学出版社

·北京·

项目一 任务一 活动三

活动探究

在这个活动中，我们需要为 3 家企业分别对标一个“带货分类”，同时找出此“带货分类”中排名前五的带货达人，对其完成一系列的信息收集，并把分析结果填入表 1 中。

表 1

合作企业	带货分类	达人排行榜	抖音号	粉丝数	带货标签	最常推广品类
新锐美妆护肤国产网红品牌						
休闲零食代理服务商						
生态农场						

项目一 任务一 活动四

活动探究

经过活动三的活动探究，我们已经对不同带货分类下面的直播达人有了一定程度的了解。下面，我们需要完成此任务下的最后一个活动，并将探究结果填入表 2 中。此活动主要训练的职业工种为“直播销售员”。

1. 选择你希望合作的企业（三家企业选其一），在企业名称上面打钩即可；

2. 根据选择的企业明确对应的带货分类，以及明确此分类下你最希望对标学习的主播达人；

3. 分析我们希望学习的主播达人的人设定位，观看他（她）的一场完整直播，记录下来整场直播的完整流程以及过程中精彩的直播剧本（简要描述即可）。

表 2

最终选择的合作企业	对标学习主播达人	主播人设	直播间过程记录	常用口头禅/表情动作等
新锐美妆护肤国产网红品牌				
休闲零食代理服务商				
生态农场				

项目一 任务三 活动一

活动探究

请根据所选择的合作企业，设计一款适合其行业特性的直播间装饰风格，并将装饰设计思路填入表 3 中。

表 3

合作企业	
目标风格类别	
具体装饰设想	
装饰草图绘制	

项目一 任务三 活动二

活动探究

请根据你们所选择的合作企业，为其提供一份直播设备清单，并将设备信息填入表4中。

表4

设备名称	设备图示	设备参数	商品价格	购买链接

项目一 任务三 活动三

活动探究

请根据所选择的合作企业，为其制作一个直播间光源设计表，并填入表5中。

表5

合作企业	
规划空间面积	
规划灯光数量	
灯光布置设想	
灯光布置示例图	

项目一　任务四　活动二

活动探究1

请以休闲零食代理服务商（B 企业）的酥脆薄饼为例，根据挖掘产品卖点的 12 个角度为该产品挖掘出卖点，填入表 6 中。

表 6

产品卖点角度	具体内容

项目一 任务四 活动二

活动探究2

请帮助你们的合作企业挖掘出直播间产品卖点，并填入表7中。

表7

序号	品牌	类别	名称	图片	卖点提示	直播话术	Q&A
1							
2							
3							
4							
5							
6							
……							

项目一 任务四 活动三

活动探究

请帮助你们的合作企业进行直播间产品定价，并将定价信息填入表 8 中。

表 8

品牌	类别	名称	成本价	售卖规格	市场价	直播价	库存	加推数量 第二批返场

项目一 任务五 活动一

活动探究

请根据所选择的合作企业，为其制作一个单品直播脚本，并填入表 9 中。

表 9

单品脚本设计	
1. 发现需求	
2. 放大需求	
3. 给出方案（带入产品）	
4. 用户评价	
5. 促单销售	

项目一 任务五 活动二

活动探究

请根据所选择的合作企业，为其制作一个整场直播脚本，并填入表 10 中。

表 10

整场直播脚本						
直播主题			开播时间			
直播时长			直播目标			
主播		助播		场控		
时间安排	**内容**	**话术重点**	**产品**	**营销方案**	**演绎道具**	**其他**

项目二 任务一 活动一

活动探究

根据直播计划，策划一场直播预热活动方案，并完成表 11。

表 11

直播策划预热表	
合作企业	
直播日期	
人员参与	直播：　　场控：　　其他：
商品顺序	
活动规则	
预热计划	
时间	
策略	
主题	
物资	
事项	

项目二 任务一 活动三

活动探究

请根据所选择的合作企业，为其制作一个直播预告与海报设计方案，并填入表 12 中。

表 12

直播预告与海报设计方案			
直播主题		开播时间	
预告文案			
直播间封面图设计思路			
活动海报图设计思路			
直播浮漂图设计思路			

项目二 任务二 活动一

活动探究

根据直播计划，完成工作人员开播前工作清单，并填入表 13 中。

表 13

工作人员	到岗时间	开播前岗位职责
运营		
场控		
招商		
主播		
助播		
助理		
客服		
美工		

项目二 任务三 活动一

活动探究

请尝试为我们的合作企业设计一个直播开场白，并填入表14中。

表14

开场白	
福利活动	
直播主题	
直播情境	
直播亮点	

项目二 任务三 活动二

活动探究1

观看各直播平台头部主播的直播，记录他们与粉丝互动的方式，填入表 15 中。

表 15

主播	直播中与粉丝互动的方式

项目二 任务三 活动二

活动探究2

尝试进入某位主播的粉丝群，并记录粉丝群内主播与粉丝的互动方式，填入表 16 中。

表 16

主播	粉丝群中与粉丝互动的方式

项目二 任务三 活动三

活动探究

根据“商品讲解与引导消费演示视频”，结合你的观察，把主播关于商品讲解的五步法细节内容填入表17中。

表 17

商品名称	
发现需求 具体话术	
放大需求 具体话术	
给出方案 具体话术	
用户评价 具体话术	
促单销售 具体话术	

项目二 任务三 活动四

活动探究

根据“直播间福利发布演示视频”，结合你的观察，把主播福利发布的过程细节内容填入表 18 中。

表 18

福利发布 前话术	
具体 福利形式	
福利发布 后话术	

项目二 任务三 活动五

活动探究

请根据所选择的合作企业，为其制作一个花絮短视频设计方案，并填入表 19 中。

表 19

花絮短视频设计方案					
镜号	地点	景别	画面内容	解说词	备注

项目二 任务三 活动六

活动探究

请在淘宝直播首页选择一知名化妆品牌直播间，记录该直播间的主播即将下播时开展了哪些活动，并与小组成员讨论该主播可以增加哪些下播前活动，完成表 20。

表 20

<table>
<tr><td colspan="3">直播间：</td></tr>
<tr><td rowspan="4">该直播间
下播前活动</td><td>活动</td><td>具体内容</td></tr>
<tr><td></td><td></td></tr>
<tr><td></td><td></td></tr>
<tr><td></td><td></td></tr>
<tr><td rowspan="4">可以增加的
下播前活动</td><td>活动</td><td>具体内容</td></tr>
<tr><td></td><td></td></tr>
<tr><td></td><td></td></tr>
<tr><td></td><td></td></tr>
</table>

项目三 任务一 活动二

活动探究

请结合数据指标的分析重点，为某女装品牌直播带货活动的“人均看播时长”“点击-成交转化率”“直播自然推荐流量”三大指标做一个复盘数据分析，并把分析建议填入表 21 中。

表 21

数据复盘分析建议		
数据指标	**具体数值**	**分析建议**
人均看播时长	35 秒	
点击-成交转化率	5.79%	
直播自然推荐流量	97.14%	

项目三 任务二 活动一

活动探究

请按照以下具体要求完成一个直播间精剪短视频的设计与制作。

任务如下：

各直播运营团队自行拍摄与制作一段“直播间精剪短视频”，短视频要求采用“横屏模式”制作，时长为 2 分钟以内，格式为 MP4 文件，文件大小不超 500M，分辨率不低于 1 280px×720px。在短视频中需包括以下内容模块：

1. 短视频片头：对直播活动进行合理引导，片头创意由直播运营团队自定；

2. 直播间环境展示：如直播间功能构成、直播间特色、商品展架等；

3. 直播间过程精剪：可以通过视频剪辑工具把直播的精彩瞬间精剪为不少于 60 秒的过程实录视频（不限定采用直播实录回放作为精剪素材）；

4. 短视频片尾：片尾创意由直播运营团队自定；

5. 其他内容：直播运营团队可在规定时长内合理增加其他创意元素。

项目三 任务二 活动二

活动探究

各运营团队需要把制作好的直播间精剪短视频发布到某短视频平台中进行吸粉推广，并完成播后短视频宣传计划表，见表 22。

表 22

短视频主题	
目标发布平台	
周内发布日	
发布时间段	
发布时间 考量因素	
播放量	
转发量	
评论数	

项目三 任务三 活动一

活动探究

请各直播运营团队参考表 23 跟踪企业方的物流发货情况，及时掌握商家的物流发货动态，并完成该表。

表 23

商家发货情况记录表	
直播活动主题	
直播时间	
合作企业	
企业对接人	
企业承诺发货时限	
企业发货情况记录	
异常情况记录	
异常情况处理方式	

项目三 任务三 活动二

活动探究1

请根据表 24 所述问题设计答案选项，并自行选择一款在线调查问卷软件，设计一个顾客回访调查表，跟踪顾客对我们直播间与商品的信息反馈。

表 24

直播间顾客回访调查表	
问题	答案
1. 请问您在购物后多久收到了快递包裹？	
2. 您收到快递包裹的时候是否完好无损？	
3. 触发您在我们直播间购物的原因是什么？	
4. 您本次购买的商品金额区间为？	
5. 您是通过什么渠道了解到我们直播间的？	
6. 您最希望我们为您提供哪些方面的商品？	
7. 您比较接受的直播间商品价格区间范围是？	
8. 本次购物，您最满意哪些体验？	
9. 本次购物，您觉得哪些方面有待提升？	
10. 其他	

项目三 任务三 活动二

活动探究2

请结合“顾客互动三步法”设计一个粉丝互动话题以及福利激励，并将设计内容填入表 25 中。

表 25

互动话题设计	
福利激励设计	

项目四 任务一 活动一

活动探究1

对某合作企业提供的内部材料进行背景分析，将掌握到的商家信息整理到表 26 中。

表 26

项目	具体设计内容
合作企业	
企业发展历史	
企业荣誉	
核心产品构成	
目前经营现状	
其他说明	

项目四 任务一 活动一

活动探究2

请把掌握到的外部环境因素整理到表 27 中。

表 27

项目	具体设计内容
合作企业	
消费者调研	
市场需求调研	
市场竞争调研	
宏观环境调研（选填）	
其他说明	

项目四 任务一 活动二

活动探究

请根据我们对合作企业以及相应行业的了解，梳理出来行业痛点以及产品痛点到表28中。

表 28

项目	具体设计内容
合作企业	
行业痛点	
产品痛点	
其他说明	

项目四 任务一 活动三

活动探究

请尝试为合作企业进行品牌定位设计，并将设计内容填入表 29 中。

表 29

项目	具体设计内容
合作企业	
产品特点定位	
竞争考量定位	
目标市场定位	
消费情感定位	

项目四 任务二 活动三

活动探究

结合所学的知识，帮助合作企业设计三个不同方向的直播活动主题，填入表 30 中。

表 30

项目	具体设计内容
合作企业	
产品特点设计法	
用户角度设计法	
热点设计法	

项目四 任务三 活动一

活动探究

请根据商家提供的“销售数据源工作表”，结合给出的数据分析公式，完成表 31。

表 31

项目	具体值	商品 ID	商品名称
店铺销售总金额		无须填写	无须填写
最高销量单品（爆款）			
最佳利润单品（利润款）			
最低单价款（引流款）			

项目四 任务三 活动二

活动探究

根据商家提供的“品牌介绍 PPT”与“销售数据源工作表”，结合下面的活动要求，将分析结果填入表 32 中。

活动要求：

1. 结合活动一数据分析公式，分别从“引流款”“爆款”“利润款”分类商品中各挑选排名前两名的商品最终组成六款商品作为此次直播带货的产品组合。六款商品皆需展示“线下成交价”与“直播间价格”。

2. “引流款”“爆款”“利润款”分类商品的直播间价格分别为“商品成本价×1.2、1.4、1.6”。

3. 需要挖掘出各款商品不少于三样的卖点关键字。

表 32

项目	商品名称	线下成交价/直播间价格	商品卖点
引流款 1			
引流款 2			
爆款 1			
爆款 2			
利润款 1			
利润款 2			

项目四 任务三 活动三

活动探究

根据商家提供的“品牌介绍PPT”与“销售数据源工作表”，结合下面的活动要求，完成活动海报图的设计与制作。

1. 要求为“百果园”商家设计一个“2024年五一大促海报”。活动主题应能体现“把乡村带回家”元素。

2. 活动期限要求：2024年5月1日—2024年5月2日。

3. 活动规则要求：首次加入“百果园”福利群，最高可获25元食材券包；活动具体城市为广东省内。

4. 福利优惠要求：需体现下列三种优惠政策，即“满99元－10元，首单立减10元，充1 000送180”。

5. 商家LOGO要求：需将“百果园”商标与“把乡村带回家”文字展示于“活动海报图”中，表现为“百果园”商标 | “把乡村带回家”艺术字组合形式。

6. 商家品牌信息要求：需将“百果园五一把乡村带回家直播活动，优选高品质和高性价比的生鲜食品，并承诺所有商品不好就退”商家品牌信息内容展示于“活动海报图”中。

7. 商品展示要求：需将经过数据分析选出的最优两款“爆款”、两款“引流款”共四款商品展示于“活动海报图”中，每款商品皆应展示其卖点与直播间价格。

8. 二维码展示要求：需将“百果园微信公众号”与“百果园App”二维码合理展示于“活动海报图”中。

项目四 任务四 活动一

活动探究

根据商家提供的“品牌介绍 PPT”与“销售数据源工作表”，结合下面的活动要求，完成整体规划直播活动 PPT 页的设计。

活动要求：

1. 要求通过自定义表现形式（不仅限于表格）体现“直播前活动实施”“直播中过程实施”“直播后活动安排”三大过程设计。

2. “直播前活动实施”：需要标注具体的实施日期，且实施周期不少于 5 天；同时列举不少于 3 样的直播前活动实施具体事务。

3. “直播中过程实施”：需要标注具体的实施日期，且实施周期不少于 2 天；同时列举不少于 3 样的直播中过程实施具体事务。

4. “直播后活动安排”：需要标注具体的实施日期，且实施周期不少于 5 天；同时列举不少于 3 样的直播后活动安排具体事务。

项目四 任务四 活动二

活动探究

请结合实际情况，为合作企业设计预热期具体活动并将设计内容填入表 33 中。

表 33

项目	具体设计内容
炒作方式	
话题方向	
线上推广方式	
线下推广方式	

项目四 任务四 活动三

活动探究

请充分结合两个案例的优点，设计适合商家的直播期具体活动并制作成 PPT 进行展示。

项目四 任务四 活动四

活动探究

请结合文中案例的优点，设计适合商家的热度延续期具体活动并制作成 PPT 进行展示。